경기도 도당굿 연행의 이론과 실제

경기도 도당굿 연행의 이론과 실제

변진섭

보고사
BOGOSA

머리말

이 책을 『경기도 도당굿 연행의 이론과 실제』라 이름한다. 경기도 도당굿은 국가무형문화재로 1990년에 지정되었다. 경기도 도당굿은 경기도 남부지역의 전통적인 산이들이 주도하는 마을굿을 지칭한다. 산이들이 주도하는 굿은 품격이 높고, 장단이 장엄하고도 단아하며, 장단의 굿거리별 기능과 용도가 다채롭고 화려하며 아름다운 것이 특징이다. 경기도 도당굿은 경기도 남부 집굿에 철저하게 의거하지만, 대규모로 하는 마을굿인 도당굿에서는 여러 산이집단이 등장하는 관계로 굿의 규모나 속살이 집굿보다 훨씬 깊고 다양하고 다채로운 기예능이 등장하여 웅장하고, 규모가 확대되고 찬란한 것이 주된 특징이다.

그러하기에 국가 유산으로 지정 관리되고 있으며, 전승교육사의 임무가 막중한 것임을 다시금 절감한다. 하지만 유감스럽게도 전승교육에 필요한 도구서가 없는 것이 현재의 가장 아쉬운 점이다. 경기도 도당굿에 관한 전승과 연행에 필요한 이론서와 실용서가 필요하였다. 이 책은 그러한 기대에 부응하기 위해서 마련된 실질적인 공구서에 해당하는 저작이다. 이 책은 세 가지 용도를 달성하기 위해서 쓰여졌다.

첫째, 경기도 남부지역 도당굿의 현장을 총괄적으로 파악하는데, 이 책이 쓸모가 있을 것 같아 마련하였다. 경기도 남부 도당굿이 어떠한 굿인지 도당굿 판의 지역적 분포와 판도를 제시한다. 필자의 시대적 한계로 말미암아 선학의 현지 조사에 의거하지만, 필자가 현장에서 연행하고 파악한 사실을 추가로 첨가하여 경기도 도당굿 판의 과거와 현재를 파악하도록 힘썼다.

둘째, 경기도 도당굿의 다면적 면모를 체계적으로 안내하여 경기도 도당굿의 학습과 연마에 일정한 도움이 되도록 하였다. 경기도 도당굿의 장단은 속새가 깊고, 굿거리마다 일정하게 차이가 나는 특징이 있다. 그것은 경기도 도당굿이 기본적으로 굿거리마다의 다양성에 근거하면서도 굿거리에서 섬기는 신의 성격을 차별화시켜 보여주기 때문에 이러한 다양성과 통일성이 필요하였다. 아울러서 거리별로 가무악희(歌舞樂戲)의 장단을 다채롭게 보여주는 특징이다. 그동안 경기도 도당굿 연구서와 안내서는 전혀 이러한 사정에 주목하지 않고 다소 단조롭고 밋밋한 서술이 되는 특징이 있다. 그러한 한계를 극복하기 위해서 실용서나 도구서에 준하는 교칙본을 마련하는데, 이 책의 주안점으로 삼았다. 장단, 무가, 춤 등을 분할하고, 분절하여 이를 합치는 구실을 한 것은 이러한 사정과 무관하지 않다.

셋째, 경기도 도당굿의 전문적 식견을 기르고, 초보적 이해에 그치지 않고 이를 한껏 확장하여 연구의 심화와 단계적 진전을 위해서 교칙본에 준하면서도 심화된 학습서 또는 연구서가 필요하여 이 저작을 마련하였다. 현재 경기도 도당굿 판은 어찌보면 나날이 쇠퇴의 길로 들어서고 있다는 점을 인정하면서도 새로운 탈출구를 마련하기 위해서 부단히 노력을 기울여야 한다는 점을 각성할 필요가 있다. 새로운 도약과 발전의 핵심이 선학자들과 선대의 산이가 보여준 길에 있었음을 다시 절감하게 된다. 과거의 유산을 충실하게 이으면서 새로운 시도로 거듭 나기 위해서 필요한 것이 산이들의 전통을 재인식하는 데 있다. 이 책은 그러한 임무에 충실하고자 모험적으로 쓰여진 것이다. 이 저작을 빌미삼아 많은 연구와 학습이 이어지기를 희망한다.

필자의 개인적 술회를 할 필요가 있다고 생각한다. 필자는 고교 시절 다니던 절에서 잡아본 탈춤 장구가 계기가 되어 대학 동아리인 걸립패에 몸을 담았던 것이 경기도 도당굿의 시발점이 되었다고 생각한다. 그곳에서 많은 공부를 하고 전통의 소중한 면모를 파악할 수 있었다. 교사와 학생을 대상으로 한 사물놀이와 농악을 익히면서 마침내 경기도 도당굿의 한 복판에 이르게 되었다. 2000년대 초반 경기도도당굿보존회 입문 당시는 오수복 선생님을 비롯하여 많은 미지와 산이들이 수원과 화성, 서울 등지에서 잔존하면서도 아울러서 미약하나마 활발하게 활동하시던 시기였다. 인천이나 수원 등지가 본격적인 거대 도시로 개발되기 이전에 논과 야산으로 드넓게 펼쳐진 벌판을 지나 도당굿이 있는 곳을 찾아 그 굿판에 나서게 된 것은 가히 행운에 가까운 것이었다.

특히 여러 차례 참여한 화성 우음도(음섬)의 당굿을 비롯한 여러 지역의 마을굿, 옛날처럼 밤을 지새우는 안택굿 혹은 진오기굿을 겸한 재수굿, 봄과 가을에 여기저기에서 열렸던 맞이굿은 필자에게 내려진 분에 넘친 축복이었으며, 그 때문에 굿의 전통을 나름대로 익힐 수 있었다. 아무 물색도 모르는 초보자에게 큰 공부가 되었을 뿐만 아니라, 전통을 자각하고 학습하는 계기가 되었다. 여전히 굿판은 이어지고 있어서 다행이지만, 그 신비로움과 설레임이 여전히 남아있지만, 이제 머릿속에 가물거리고 있으면서도 조금씩 추억이 되어가니 안타까운 마음도 적지 않게 생긴다.

2004년 이수 평가를 통과하고, 2005년부터 경기도도당굿보존회의 사무국장을 맡으면서 경기도도당굿은 내 삶의 주요한 준거가 되었을 뿐만 아니고, 동시에 보존회 활동의 앞에 나서서 적극적으로 지도하는 처지가 되었다. 2014년에는 전수교육조교(현재 전승교육사)로 선정됨으로써 현재는 물론 미래까지도 이어가야 하는 책무가 주어졌다.

경기도 도당굿이 다소 소강상태에 머무르고 그 면모가 왜소해졌지만, 우리나라 지역의 어디에 내놓아도 빠지지 않는 훌륭한 유산임이 분명하다. 경기도 도당굿은 현재에도 굿의 변두리가 아니라 중심임을 절감하고 이를 굳게 실천하는 임무나 직분이 필자에게 있음을 확신한다. 하루라도 이 직분에서 벗어나지 않았음을 다시금 각성하게 된다.

오늘날까지 저자를 있게 한 많은 인연과 선연의 실타래를 항상 깨닫게 된다. 이 길에 첫발을 딛고 또 나아가도록 도와준 철기 형, 자상하게 굿을 가르쳐주신 오수복 선생님과 방돌근 선생님, 예술적 감각을 일깨워주신 이애주 선생님은 나의 과거이자 내 삶의 전부를 있게 해준 소중한 분들이었다.

이 책은 은사이신 경기대학교 김헌선 선생님의 주선으로 만들어졌다. 1980년대 경기도도당굿의 현장을 생생하게 전해주시며, 삶의 부침하는 여정에서 주저앉거나 길을 잃지 않도록 지금까지도 곁에서 이끌어주신 결과로 생각한다. 넓은 학문의 품에서 이제야 걸음마를 하는 죄송스러움이 크지만, 홀로서기의 시작으로 삼고자 한다.

든든한 삶의 동반자인 최남주에게 이 자리를 빌어서 하염없는 고마움을 표하고 든든하게 생각한다. 아울러서 나의 소중한 분신이자 우리집의 보배인 두 딸 지영이와 서영이에게 이 작은 책을 전달하니 항상 기쁘게 여겨주기를 진심으로 바란다.

2025년 7월 30일

경기도 도당굿이 되살아나 빛나는 굿판이 되기를 열망하며,
다시 한 걸음을 내걷고 발자취가 되기를 빌면서
변진섭 삼가 쓴다.

차례

머리말 … 5

Ⅰ. 경기도 도당굿의 전승 현장 … 13

   1. 전승 개요 ··· 13
   2. 1980년대까지의 굿판 현장 ····································· 16
   3. 국가무형유산 지정 이후의 굿판 현장 ····················· 22

Ⅱ. 경기도 도당굿의 굿거리 … 27

   1. 굿거리 종류와 구성 ··· 27
   2. 개별 굿거리 ··· 31

Ⅲ. 경기도 도당굿의 장단 … 85

   1. 장단의 개요 ··· 85
   2. 굿거리별 장단 ··· 88
   3. 개별 장단 ··· 91
   4. 유형별 장단 ··· 108

Ⅳ. 경기도 도당굿의 무가 … 115

1. 무가의 개요 ······································· 115
2. 굿거리별 무가 ··································· 116
3. 개별 무가 ··· 117
4. 무가의 특징 ······································ 141

Ⅴ. 경기도 도당굿의 춤 … 143

1. 춤의 개요 ··· 143
2. 굿거리별 춤의 종류와 구성 ················· 145
3. 개별춤 ·· 147
4. 춤의 분류 ··· 161

Ⅵ. 경기도 도당굿의 전승과 전망 … 163

부록. 진쇠 장단, 춤, 굿거리 절차 … 167

1. 머리말 ·· 167
2. 진쇠의 어의, 유래와 변화 ·················· 172
3. 진쇠의 연행적 면모 ··························· 179
4. 의식 절차로써의 진쇠 ························ 196
5. 맺음말 ·· 206

참고문헌 … 209

I
경기도 도당굿의 전승 현장

1. 전승 개요

경기도 도당굿은 경기도에서 행해지는 도당굿 즉, 마을굿을 이른다. 도당굿이라는 명칭은 경기도 일대와 서울 지역에서 사용되며, '경기도도당굿', '봉화산도당굿', '밤섬부군당도당굿', '삼각산도당제', '갈매동도당굿' 등이 있는데,[1] 경기도 도당굿은 현재 국가무형유산, 다른 도당굿은 서울과 경기도의 무형유산으로 지정되어 있다.

위 도당굿은 한강을 기준으로 이북과 이남 지역에 각각 위치한다. 우리가 일반적으로 칭하는 도당굿은 1990년 국가무형유산으로 지정된 경기도도당굿으로 한강 이남 지역, 즉 경기 남부의 굿을 이른다.[2] 봉화산(2005년 서울시), 밤섬부군당(2005년 서울시), 삼각산(2010년 서울시), 갈매동(1995년 경기도)은 모두 한강 이북에서 열리는 굿이다.

---

1 성황제나 부군당굿 등 마을 단위의 굿이 더 있지만, 이 글은 국가무형유산 경기도 도당굿이 대상이므로 '도당'이라는 명칭을 가진 굿에 한정하여 비교하고자 한다.
2 이두현·장주근·정병호·이보형, 『경기도도당굿』(무형문화재 조사보고서 186호), 문화재관리국, 1990, 6~7쪽.

모두 경기도에 속하므로 경기도 도당굿이라고 할 수 있다. 반면, '도당굿'이라는 명칭은 같지만, 이남과 이북 지역 굿의 연행 양상은 서로 다르다. 굿거리, 가무악, 연행자 등 전반적인 면에서 차이가 나타난다. 봉화산도당굿의 굿거리 구성은 거리부정-주당물림-불사할머니거리-제례 및 진적-부정·가망청배-본향거리-상산거리-별상거리-신장거리-대감거리-산제석거리-창부거리-군웅거리-용신거리-대잡이거리-뒷전으로 이북 지역 굿들은 대동소이하다.[3] 경기도 도당굿은 당주굿-거리부정-부정굿-도당모시기-돌돌이-시루굿-제석굿-손굿-군웅굿-도당모시기-뒷전이다. 유사한 신격을 모시는 굿거리도 있지만, 대부분은 공통되지 않는다. 경기도 이북은 만수받이와 타령 무가, 들어숙배 나숙배와 도무, 굿거리와 당악이 가무악의 주요 모습이라면, 이남은 섭채(도살풀이) 무가, 뛰지 않는 방식의 춤, 반설음 등 지역적인 장단과 시나위 외에 다양한 음악이 등장한다. 무당의 경우 한강 이북 지역은 강신이지만, 이남은 그렇지 않다. 특히 경기도도당굿의 산이는 청신 무가를 비롯한 뒷전 등의 굿거리도 담당하여, 음악만을 담당하는 봉화산도당굿 등의 경기도 이북 굿과 다른 양상을 보인다.

경기도 도당굿의 기원은 분명하게는 알 수 없지만, 현재까지 경기도

---

[3] 〈밤섬부군당도당굿〉 주당물림-부정청배-가망청배-진작-유가돌기-부군거리-마지올림-본향말명-대신-상산, 별상, 신장, 대감거리-안당제석거리-군웅거리-창부거리-뒷전-소지, 〈삼각산도당굿〉 황토물림-주당물림-부정거리-본향거리-도당모시기-말명-천궁불사-대거리(상산-별상-신장-대감)-제석-사냥놀이-군웅-소지올림-영산-도당배웅-성주-창부-뒷전, 〈갈매동도당굿〉 유가-부정 가망청배-부군거리-본향거리-대안주(상산-별상-신장-대감)-제석-성주 창부거리-뒷전이다.

남부 여러 곳에서 전승이 이루어지고 있다. 현재까지 알려진 경기도 도당굿의 대표적인 사례는 부천의 장말과 인천의 동막이다. 두 지역의 굿에는 이용우, 조한춘, 정일동, 이영수 등의 산이, 서간난, 오수복 등의 미지, 부천 장말의 도당할아버지, 그리고 굿판의 실제적인 주체인 마을주민들이 참여하였다.[4] 이 중 이용우는 여러 자료에 나타난 실제 연행을 통하여 굿을 주도적으로 이끈 인물임을 확인할 수 있다.

이 글은 경기도 도당굿의 실제적인 연행을 밝히기 위하여 마련되었다. 현재에도 굿 현장이 있지만, 1980년대 영상자료를 대상으로 그 면모를 살펴보고자 한다. 이용우 등 경기도 도당굿을 이어온 인물들의 가장 오랜 시기의 모습을 담고 있기 때문이다. 1982년[5] 및 1984년[6]의 동막도당굿과 1982년의 장말도당굿[7]을 주요자료로 삼고, 1986년 시연된 우이동도당굿[8]을 참고자료로 활용하고자 한다.

굿은 복합적인 요소들이 결합한 결과이므로 단순히 말로 전달하기는 어렵다. 자세하게 묘사된 글, 동영상, 음원, 사진 등의 기록을 통하여 경기도 도당굿의 이전 모습을 확인할 수 있는데, 이 중에 영상자료는 여러 가지 연행요소가 작동하는 경기도 도당굿에 접근하는데 절대적인 도움을 준다.

---

4 조한춘과 오수복은 국가무형문화재 98호 경기도도당굿의 예능보유자였다.
5 천승요 촬영, 문화예술진흥원 소장.
6 1984년 동막도당굿의 영상은 연세대학교 김인회 교수가 촬영하여 국립민속박물관에 기증한 자료이다.
7 자료의 출처는 앞과 같다.
8 천승요 촬영, 문화예술진흥원 소장.

2. 1980년대까지의 굿판 현장

도당굿에 대한 보고는 1930년대 일본학자들에 의하여 이루어졌다. 개성 덕물산 도당굿의 현장을 답사한 기록도 있지만,[9] 경기도 도당굿과 관련된 중요한 내용이 있다. 당시 수원군 성호면 부산리의 무부 이종하를 만나 『경기도창재도청안』 등의 서적 및 경기재인청의 조직체계와 운영 방식 등을 조사하여 기록하였다.[10] 이종하는 이용우의 부친으로 재인청 도대방을 지낸 인물이다.[11] 이종하의 동생인 이종만은 도산주를 지냈으며, 〈오산열두거리(烏山十二祭次)〉 등의 무가를 제보하였다.[12] 당시 기록을 통하여 경기도 도당굿 전승자들의 깊은 내력을 분명하게 확인할 수 있다.

이후 1960~80년대를 거치면서 우리 학자들이 본격적인 조사에 나섰다.[13] 이러한 과정에서 전승이 단절되었던 도당굿을 재계하거나, 공연행사 성격으로 시연하면서 실제 면모가 세상에 공개되었다.

현재까지 알려진 가장 오래된 경기도 남부지역 도당굿 현장의 모습은 1944년 **청수골도당굿**이다.[14] 이 굿은 경기도 광주군 언주면 청담리에서 열린 굿으로 "일 년에 한 번 추수 후에 동네가 무사하고 잘되라고

---

9 적송지성·추엽융, 『조선무속의 연구』 하, 심우성 역, 동문선, 1991, 207~208쪽.
10 적송지송·추엽융, 앞의 책, 281~286쪽.
11 장주근, 「무속」, 『한국민속종합조사보고서-경기도편』, 문화재관리국, 1978, 121쪽.
12 적송지성·추엽융, 『조선무속의 연구』 상, 심우성 역, 동문선, 1991, 85~120쪽.
13 장주근, 「무속」, 『한국민속종합조사보고서-경기도편』, 문화재관리국, 1978; 정병호·이보형 외, 「수원지방 무의식」, 『한국민속종합조사보고서』, 무의식편(문화재관리국, 1983) 등.
14 이혜구, 「무악연구」, 『한국음악연구』, 국민음악연구회, 1957, 164~182쪽.

지내는 굿"이라는 내용에서 마을 단위의 정기적인 의례임을 알 수 있다.[15] 청수골이 포함된 광주는 김광채 집안과 이일선·이달선·이충선 집안의 단골판이다.[16] 김광채는 이혜구를 굿에 초대하여 답사를 주선하고 음악을 설명해주었으며, 당일에는 장구를 맡았다.[17] 이 글을 통해 도당굿의 지역적인 범위, 굿의 전모가 조사되지는 않았지만, 손님굿과 군웅굿에 대한 당시의 모습, 공인 등으로 불리는 산이 또는 화랭이의 존재와 역할 등 굿의 세부적인 모습을 알 수 있다.

굿이 벌어지던 마을은 서울 강남구 청담동으로 도심의 중심지가 되어 굿판의 흔적을 찾을 수는 없다. 맑은 샘물이 흘러나와 도당굿의 돌돌이에서 축원했다고 전하는 청수샘터만이 남아있다.[18]

이후 1966년 「진쇠 외 11장단」을 시작으로 경기도 도당굿을 비롯한 남부지역 굿에 대한 조사가 시작되었다. 굿거리의 종류와 구성을 비롯하여 장단과 춤 등의 연행요소들이 개략적으로 드러나기 시작하였다. 1974년과 1977년에는 당시 현장에서 활동하던 산이들의 악기 연주와 노래를 녹음자료로 남겼다. 1980년대에 들어서면서 영상자료가 제작되어 굿 연행의 전모를 확인할 수 있게 되었다.

1980년대는 이미 도당굿의 현장이 매우 약해진 상황이었다. 자료를 남긴 곳은 경기도 인천시 연수구 동춘동의 동막마을과 부천시 중동의

---

15 1944년 11월 26일(음력 10월 10일)에 열렸다. 청담리는 1960년대 초반 서울시로 편입되어 청담동으로 바뀌었다.
16 김헌선, 「경기도 도당굿 화랭이 연행자 연구」, 『구비문학연구』 7, 한국구비문학회, 1998, 226쪽. "이충선은 광주 일대에서 크게 활약한 무당이고 갖가지 악기에 통달한" 이덕재의 아들로 국가무형유산 송파산대놀이의 예능보유자였다.
17 이혜구, 앞의 글, 167쪽.
18 김헌선, 『사진으로 보는 민속의 어제와 오늘 1(1950~2000년대)』, 국립민속박물관, 2003, 110쪽.

당가리로 된 인천 동막 도당(1990년, 김헌선 촬영)

장말 두 곳뿐이다. 두 마을은 도당굿의 전통이 있었지만, 소강상태였다. 천만다행으로 김인회·황루시 교수를 주축으로 결성된 굿학회가 사라지는 마을굿을 훗날 복원하기 위한 자료의 필요성을 인식하여 1980년대 즈음부터 굿을 개최하려 노력하였고, 여기에 조한춘 산이의 단골판 확보 의지가 더해져 마을굿이 성사되었다고 한다.[19]

동막은 1982년, 84년, 86년, 90년까지 굿이 개최되었으나, 간척과 도시 개발로 인하여 마을이 사라지고 당이 있던 소나무 숲은 그 흔적도 찾기 어렵게 되었다. 장말은 1980년, 82년에 도당굿이 재개되었으나, 이후 1990년대 중반까지의 관련 자료는 찾을 수 없다. 하지만, 당은 보존되어 현재까지 굿을 할 수 있는 터전을 지킬 수 있었다.[20]

---

19 김헌선, 『경기도 산이제 인천 동막도당굿 연구』, 보고사, 2019, 18쪽; 황루시·이보형·김수남, 『경기도도당굿』, 열화당, 1983, 88~89쪽.

동막도당굿은 인천시 동춘동의 동막마을에서 1990년도까지 열린 마을굿이다.[21] 마을 주민들이 '상산고사절목표'에 따라 적극적으로 굿을 주관한다는 점에서 굿의 전통이 증명된다.

3월 말이나 4월 초경 인천시 동춘동 동막마을에서는 도당굿이 열렸다. 마을의 산에는 소나무 숲이 있고, 그 안에 할머니와 할아버지 당인 원추형의 큰 터주가리가 각각 하나씩 설치되어 있다. 그 밑으로 천막을 쳐서 굿청을 별도로 마련하였다. 굿청과 전물 등은 모두 마을 주민들이 마련하고, 굿은 전문 사제자인 굿패가 담당한다. 굿패의 주요 구성원은 미지와 산이, 그리고 서울굿 만신들이다. 미지로는 서간난, 만신은 정윤자, 황치선, 강복희가 참여하였고, 산이로는 이용우, 조한춘, 정일동, 이영수, 김한국이 참여하였다.

굿거리는 당주굿-거리부정-부정굿-도당모시기-돌돌이-시루말-제석굿-대안주-터벌림-군웅-도당모시기-중굿-뒷전으로 이루어졌다. 대부분의 굿거리는 도당 옆에 포장을 쳐서 별도로 마련한 굿청에서 이루어졌지만, 당주굿은 당주집, 도당모시기는 도당, 거리부정과 돌돌이 등은 마을의 곳곳에서 진행되었다.

장말도당굿은 경기도 부천시 중동 장말[22]의 굿으로 1960년대에 중단되었다가 1980년 11월 17일에 3일 동안 굿판을 벌이면서 재개되었다. 1982년 12월 8~9일에 열린 도당굿이 영상으로 전한다. 이 마을

---

20 황루시, 〈부천장말도당굿〉, 한국민족문화대백과사전
 (https://encykorea.aks.ac.kr/Article/E0076731, 검색일: 2025.5.26.)
21 이후 아파트가 들어서면서 굿청이 있던 소나무 숲은 물론 마을 주민의 구성도 바뀌어 굿도 사라졌다.
22 장말은 덕수 장씨 집성촌에서 비롯된 명칭이다.

부천 장말의 할아버지당(웃도당)인 돌팡구지(박인가 촬영)

에는 돌팡구지와 당집이 있는데, 이는 각각 할아버지당과 할머니당 혹은 웃당과 아랫당으로 불린다. 1984년에 도시계획으로 할머니당이 헐리자, 돌팡구지 뒤쪽에 새로 당집을 짓고는 새로운 할머니당에서 도당굿을 지내고 있다.[23]

부천 장말에는 다른 지역에서는 찾아볼 수 없는 특별한 인물인 도당할아버지가 있다. 그는 마을의 주신인 도당신의 현신으로 도당신을 청하여 모시는 과정과 마을을 돌며 고사하는 돌돌이, 특히 꽃반세우기를 통하여 각 가정의 평안을 도모하는 등의 중요한 역할을 한다. 현재 도당할아버지는 장현수이고, 그의 할아버지와 작은아버지인 장한갑도 도당할아버지였다.

1982년 장말도당굿에는 이용우, 서간난, 조한춘, 전은순, 정일동

---

23 황루시, 〈부천장말도당굿〉, 한국민족문화대백과사전.

등이 참여하였다. 굿은 선당주의 집에서 전날 행하는 당주굿으로 시작되는데, 1982년에는 당주굿이 확인되지 않는다. 굿거리는 (당주굿)-(거리부정)-돌돌이-부정굿-도당모시기-시루돋음-돌돌이-장문잡기-시루굿-공새면-제석굿-새면-꽃반세우기-대안주-대감-창부-터벌림-손굿-군웅굿-(도당모셔다드리기)-중굿-뒷전으로 이루어졌다.

동막도당굿이 상산고사절목표를 가지고 마을 주민들이 적극적으로 준비하는 방식이라면, 장말은 준비는 물론 도당할아버지라는 특별한 인물이 일부 굿거리를 주관까지 하는 방식이다. 특히 꽃반세우기는 부채를 꽃반에 세움으로써 그 결과를 보고 가정의 운을 알아보는 의식으로 이 굿의 핵심 대목으로 인식된다.

장말도당굿은 조한춘이 참여할 때는 '날을 가려서' 해마다 다른 날에 하다가, 그의 사후에는 음력 10월 10일로 고정하였다가, 근래에는 음력 10월 10일 전 일요일에 거행하고 있다. 예전처럼 마을에서 굿을 전적으로 마련하지 못하고 부천시에서 지원을 받고 있다.[24]

경기도 남부굿의 1980년대 현장을 볼 수 있는 영상자료는 다음 표와 같다. 그 이전에 제작된 자료는 현재까지 발견되지 않았으므로 가장 오래된 영상이라고 할 수 있다. 동막과 장말 도당굿은 마을주민들이 의뢰하고 준비하는 실제 마을굿이고, 〈경기도도당굿〉은 시연의 방식으로 이루어진 굿이며, 〈경기도새남굿〉은 마을이 아니고 개인을 위한 천도굿이다.

---

[24] 장말도당굿 총무를 맡고 있는 장선수와 2017년 10월 16일 인터뷰한 내용이다. 그는 장한갑 도당할아버지의 조카이고, 현 도당할아버지의 동생이다.

⟨1980년대 경기도 남부굿 영상자료⟩[25]

제목	일시	장소	출처
동막도당굿	1982.03.25~26.	인천시 동춘동 동막	천승요 촬영
장말도당굿	1982.12.08~09.	부천시 중동 장말	김인회 촬영
동막도당굿	1984.04.02~03.	인천시 동춘동 동막	김인회 촬영
경기도도당굿	1986.	우이동 전씨네굿당	천승요 촬영
경기도새남굿	1981.11.06~07.	인천시 율목동 경아대	한국문화예술진흥원 (천승요 촬영)

3. 국가무형유산 지정 이후의 굿판 현장

1990년에 국가무형문화재로 경기도도당굿이 지정된다. 굿 현장과 연행자들이 줄어든 상황에서 다행스럽게도 전승의 토대가 마련된 셈이다. 동막도당굿은 사라졌지만, 장말에서는 지정 기념 등 1990년대에도 몇 차례 굿이 열렸다. 2000년대에 접어들면서 수원의 고색동, 평동, 영동시장에 도당굿이 복원되어 부천의 장말과 함께 현재까지 이어지고 있다.

평동도당굿은 마을의 안녕과 풍농을 위하여 200년 이상 지속되었다고 전한다.[26] 당집은 원래 초가였는데, 6·25전쟁으로 파괴되어 선

---

25 당시 동영상을 촬영할 수 있는 카메라가 흔치 않아서 소개한 자료의 소중함이 깊어진다. 당시 한국문화예술진흥원에 근무하던 천승요는 1981년 ⟨경기도새남굿⟩은 출장 허가를 받았으나, 이후부터는 받지 못하였다. 결국, 당시 전세금 정도가 되는 카메라를 집안의 도움을 받아 마련하여 현장으로 나가게 된다.
26 한편으로는 신목을 건드려 서낭님께 벌을 받은 일이 있어서 굿이 지속된다는 이야기도 있다.

수원 평동 도당 안에 걸린 무신도(박인가 촬영)

경직물의 최학배가 사비로 보수를 하였고,[27] 2000년대 초반에 수원시청이 개보수를 하여 현재의 모습이 되었다. 1955년경만 해도 황토를 사흘씩 깔고 깨끗한 집으로 당주를 잡고 집집이 걷어서 굿을 준비하였고,[28] 1970년대까지도 온 마을의 주민들이 참여하였으나, 이후 마을주민의 구성이 달라지면서 축소되었다. 주민들이 각출하고 선경직물의 보조를 받아 굿을 유지하였다. 현재 당에는 김부대왕과 안씨부인이 그림으로 모셔져 있다. 굿을 주관한 무당은 버드네 시안네였고, 이후 이 무당 저 무당이 이어가다 2000년경 원뜰(원평리)의 조광현[29]이 맡아서 음력 정월 11일에 행하고 있다. 평동도당굿의 굿거리 구성은 당주굿-돌돌이-장문잡기-부정굿-산바래기-제석굿-호구굿-대신

---

27 당집은 개인 소유지에 있다.
28 이용범·허용호·홍태한, 『수원의 마을굿』, 수원문화원, 2006, 396쪽.
29 국가무형유산 경기도도당굿 이수자로 활동하였으며, 화성에 많은 단골들이 있었다.

I. 경기도 도당굿의 전승 현장 23

수원 고색동 도당 내부 모습(박인가 촬영)

거리-신장대감굿-군웅굿-꽃반축원-서낭대내리기-뒷전이다. 당주굿, 꽃반축원, 서낭대내리기는 세 마을 중에 유일하게 평동에서만 전승된다.[30]

고색동도당굿은 원래 바닷가 마을이라 풍어굿으로 거행되었으나, 마을이 육지가 되면서 풍농의 성격으로 변했다고 한다. 당집은 현재 위치에서 30~40m 앞인 수인선 선로 부근에 있었는데, 1937년 수인선 개통으로 인하여 고색초등학교 건너편으로 옮겼다. 형태는 초가지붕에 돌과 흙으로 된 한 칸이었다.[31] 1980년경 보수가 있었고, 2000년대

---

30 변진섭, 「수원지역도당굿의 연행양상과 의의」, 『수원학연구』 13, 수원시정연구원, 2018, 6쪽.
31 이용범·허용호·홍태한, 앞의 책, 35쪽.

초반 수원시청의 지원으로 개보수가 다시 이루어졌다. 당 안에는 도당할아버지와 도당할머니의 신화(神畵)가 가운데, 백마신장의 신화가 왼쪽 벽에 각각 모셔져 있다. 마을주민들은 백마신장이 당할머니와 당할아버지를 모시고 다니는 존재라고 생각하기도 한다. 1960년대까지 금곡동 도뱅이에 살던 코주부라 불리던 이덕만과 그 일가가 굿을 맡아서 하다가 중단되고 당제만 남게 되었던 것을 2000년 8월에 복원하여 현재에 이르고 있다. 고색동도당굿의 굿거리는 당제-돌돌이-장문잡기-부정굿-산바래기-시루고사-제석굿-호구굿-대신거리-손굿-군웅굿-뒷전으로 구성된다.[32]

영동시장 거북산당도당굿은 수원성 건립과 관련되었을 것이라고 한다. 1790년경 건립된 수원성에 형성된 시장의 상인들이 상가의 번영과 안녕을 위한 도당의 필요로 인해 당이 생기게 되었다는 추론이다. 당의 모습이 최초로 확인된 것은 1935년 사진으로, 터주가리당의 형태였다. 1964년 백윤남 만신이 사비로 땅을 매입하여 건립하였고, 1986년 향토문화재 2호로 지정이 되어 단청을 입히고 간판을 세웠으며, 1994년 개보수하여 현재에 이르고 있다.[33] 거북산당이라는 명칭의 유래는 세 가지로 전한다. 하나는 거북 모양의 돌이 있었기 때문이고, 다른 하나는 물이 많아 불을 제압할 수 있는 힘을 상징한다는 점이다. 또 다른 하나는 거북산기슭에 위치하기 때문이다. 백윤남과 이용우가 같이 활동을 하였는데, 백윤남의 사망 이후 악사였던 남편의 생질뻘인 임복례가 당주를 맡게 되었다.[34] 혼자 담당하던 이용우

---

32 변진섭, 앞의 글, 11쪽.
33 이용범·허용호·홍태한, 앞의 글, 123쪽

수원 영동시장 거북산당 안의 무신도(박인가 촬영)

이후에는 오수복이 굿을 주관하였다.[35] 현재 거북산당의 내부에는 도당할아버지와 도당할머니, 염라대왕을 모신 신화가 있다. 거북산당 도당굿은 경기도도당굿보존회가 주관하여 매년 음력 10월 7일에 거행하고 있다. 거북산당도당굿은 돌돌이-장문잡기-부정굿-산바래기-시루굿-제석굿-호구굿-대신거리-당지기할머니 무감-손굿-대안주-군웅굿-뒷전으로 이루어진다.[36]

---

34 안혜경, 앞의 글, 152쪽.
35 오수복(1924~2011년)은 국가지정무형문화재 경기도도당굿 예능보유자였으며, 이용우(1990~1987년)는 오수복의 스승이다.
36 변진섭, 앞의 글, 13~14쪽.

II
경기도 도당굿의 굿거리

 도당굿은 하나의 갈래를 차지하는 큰 굿이고, 그 안에는 여러 굿거리가 포함되어 있다. 굿거리에는 모시는 주신이 있고, 주신의 성격에 따라 그에 알맞은 절차들이 배치된다. 어떤 굿거리들이 어떤 순서로 구성되어 있는지, 각 굿거리의 절차들은 어떤 형태로 구성되어 있고, 개략적인 연행 양상은 어떠한지 살펴본다.

1. 굿거리 종류와 구성

 1980년대 경기도 도당굿 영상자료의 굿거리 구성을 통하여 굿거리의 종류와 구성 형태를 찾을 수 있을 것이다. 굿에 참여한 주요한 연행자는 이용우, 서간난, 조한춘, 정일동, 전태용, 이영수 등이다.

<경기도 도당굿 1980년대 영상자료 굿거리 종류와 구성>

1982년 동막	1982년 장말	1984년 동막	1986년 우이동[1]
당주굿	당주굿 (?)	당주굿	
거리부정	거리부정(?)	거리부정	
안반고시레			
돌돌이	돌돌이		돌돌이-장문잡기
부정굿	부정굿	부정굿	부정청배
도당모시기	도당모시기	도당모시기	
	시루돋움(시루받기)		
	돌돌이-장문잡기	돌돌이	
시루돋음	시루굿(청배-비손)	시루굿	시루굿(청배-비손)
산바라기	공새면		
제석굿	제석굿	제석굿	제석굿
대안주	새면	공새면	
삼현	꽃반세우기	무감	
무감	산거리	대안주	
본향굿	제석	조상새면	
	대안주-대감	걸립	
	창부	본향, 조상굿	
	터벌림	터벌림	
손굿	손굿	군웅굿	손굿
군웅굿	군웅굿	손굿	군웅굿
도당모셔다드리기	도당모셔다드리기(?)	도당모셔다드리기	
중굿	중굿	중굿	
뒷전	뒷전	뒷전	뒷전

---

1 우이동도당굿에는 산이로 이용우, 미지로 오마금과 오수복, 악사로 정일동, 전태룡, 방돌근, 김한국이 참여하였고, 김숙자는 뒷전의 깨낌꾼을 맡았다. 선부정이나 도당모시기 등의 굿거리가 없지만, 이용우의 앉은청배와 노정기 등이 있어서, 실제 마을굿이 아니고 시연임에도 굿거리 및 절차의 구성을 참조하기 위하여

세 가지 자료에 공통되는 굿거리[2]는 당주굿, 거리부정, 부정굿, 돌돌이, 도당모시기, 시루굿, 제석굿, 손굿, 군웅굿, 도당모셔다드리기, 중굿, 뒷전이다. 굿거리의 종류와 배치 순서는 조사보고서[3]나 현재 전승과도 대부분 일치한다. 당주굿과 중굿은 현재는 전승되지 않는 상황이다.

굿거리는 크게 당주굿-내부신-부정굿-외래신-잡귀잡신 순으로 이루어진다. 지역 내부의 신을 청하여 경계를 돌고 굿판을 정화한 상태에서 외지의 신을 초청하여 의식을 치른 후에 잡귀잡신을 풀어먹여서 보낸다.

처음 굿거리가 당주굿이다. 마을굿을 주관하는 당주의 집안을 위하는 굿으로, 굿갈래로 보면 집굿에 해당된다. 내부신은 도당신이라고 하는 지역의 신으로 마을이라는 한정된 영역과 관련된다. 도당신은 도당모시기 또는 당맞이[4], 돌돌이, 도당모셔다드리기에서 등장한다. 마을을 지켜주는 도당신이 머무는 곳인 도당에 가서 신을 청해 모시고 와서 마을을 순례하고 다시 도당으로 모셔다드리는 굿거리들이다. 부정굿은 신성한 의례인 굿을 진행하기 위하여 굿청을 비롯한 마을을 깨끗하게 만드는 굿거리이다. 거리부정-앉은부정청배-부정굿의 여러 과정으로 이루어진다. 외지신은 시루-제석-손굿-군웅

제시한다. 연행의 구체적인 면모는 동막과 장말을 대상으로 삼는다.
2 표에 굵은 글자로 표기하였다.
3 정병호·이보형 외, 「수원지방 무의식」, 『한국민속종합조사보고서: 무의식편』, 문화재관리국, 1983, 201~205쪽. 이용우가 제보한 굿거리 구성은 당주굿, 당맞이, 부정굿, 돌돌이, 장문잡기, 시루굿, 터벌림, 제석, 손님, 군웅, 당할머니굿, 뒷전이다.
4 정병호·이보형 외, 앞의 글, 202쪽.

굿이다. 시루와 제석은 하늘에서 내려오고, 손님과 군웅은 강남이라는 어느 곳에서 수평으로 이동해 온 신을 위한 굿거리이다. 마을을 위하여 외지에서 도래한 신들이다. 잡귀잡신을 위한 굿거리는 뒷전이다. 중굿은 제석굿 뒤에 붙은 굿놀이가 독립된 결과일 가능성[5]을 제기하는 견해도 있지만, 아직 그 정체가 분명하지 않다.

이상의 제차들 이외에 나타나는 굿거리들이 있다. 대안주, 삼현, 무감, 본향굿 등이다. 대안주는 서울굿의 방식이고 삼현은 삼현육각 편성으로 긴염불-삼현타령-별곡타령을 연주하는 음악곡이다. 무감은 마을주민들이 나와서 춤을 추는 일종의 신명풀이를 위한 놀이판이다. 본향굿은 의문스런 제차로 조상굿과 유사하다. 위 굿거리들이 편성된 배경은 복합적일 것으로 보인다. 굿이라는 의례가 지역 사회와 주민들에게 어떤 의미가 있고 영향력을 갖는지에 따라 만들어진 결과라고 짐작된다.

도당모시기, 돌돌이, 부정굿은 서로 순서가 다르다. 세 가지 형태로 나타난다.

당맞이-부정굿-돌돌이[6]
돌돌이-부정굿-**도당모시기**
부정굿-**도당모시기**-돌돌이

보고서에는 당맞이가 먼저 등장하지만, 제보자인 이용우가 참여한 실제 굿에서는 부정굿 다음에 도당신을 모시는 것으로 나타난다. 그럼

---

5 황루시, 『한국인의 굿과 무당』, 문음사, 1988, 82쪽.
6 정병호·이보형 외, 앞의 글, 201~205쪽.

에도 공통적인 문제는 도당모시기와 돌돌이의 순서가 된다. 도당신은 외래의 신격이 아니라 본래 마을 안에 있는 내부의 신격으로, 손님이 아니고 도당굿의 상징적인 주관자로 볼 수 있다. 도당신을 모신 후에 돌돌이를 하는 경우에는 주관자가 먼저 나서서 마을을 돌며 의식을 치른 후에 굿판을 정비하고는 외래의 신격을 맞이하는 방식이 된다. 반면 돌돌이를 한 후에 도당신을 모시게 되면, 도당신도 외래의 신처럼 대우를 받는 상황이 된다는 차이가 있다고 보인다.

2. 개별 굿거리

당주굿

경기도 남부굿의 한 갈래인 도당굿의 구성 중에 당주굿이 있다. 당주는 도당굿의 제관 격이 되는 인물로 굿의 준비와 진행을 맡는다. 당주는 상당주 중당주 하당주의 3인 또는 앉은당주와 선당주 등의 구성이며 각각의 임무를 지닌다. 이 중 상당주의 집에서 이루어지는 의례를 당주굿이라고 한다. 이 굿은 본격적인 도당굿이 시작되기 전에 행한다. 현재 전통적인 경기도 남부 도당굿에서 당주굿은 거의 자취를 감추었다. 조사보고서의 증언, 1982년과 1984년 동막도당굿에서 연행 사례를 확인할 수 있다.

조사보고서 등에 따르면 당주굿은 도당굿 전날 오후 또는 밤부터 다음날 새벽까지 당주집을 위해 거행하는 재수굿이다. 부정-시루고사-제석-손굿-군웅-안당-제면-터주굿-뒷전의 구성이며, 산바래기와 서낭은 하지 않는다고 한다. 큰굿의 갈래인 안택굿을 거행하는 것이다.[7]

당주굿을 하지 않는 경우, 도당굿 하는 날 당맞이 직전에 당주집에서 창부가 고사를 지내게 된다. 대청마루에 소반을 놓고 그 위에 쌀을 담은 말(斗)을 올린다. 따로 대주 식기에 쌀을 가득 담아 말 위에 놓고 촛불을 켜 꽂는다. 식기에 수저 하나를 꽂고 실 한 타래 얹고는 술잔이나 정화수 잔과 돈을 놓아 고사상을 차린다. 잽이(피리 젓대 해금 장구 북)들이 먼저 삼현(三絃)을 친다. 삼현에서 연주하는 곡은 영산회상(靈山會相)이나 염불타령(念佛打슈)이다. 이어서 창부(倡夫)가 두루마기에 갓을 쓰고 부채 방울을 들고 중모리장단에 판패개제로 성주고사(城主告祀)를 지내듯 고사소리를 한다. 이때 고수가 북으로 장단을 친다.[8] 창부는 산이 혹은 화랭이를 가리키는 것으로 보이지만, 방울을 들었다는 점에는 의문이 든다. 굿으로 하는 경우는 미지도 참여하지만, 고사의 경우에는 산이들이 주도적으로 진행한다고 볼 수 있다.

당주굿에 관한 두 가지의 사례가 전한다. 1982년과 1984년 동막도당굿 영상자료이다. 두 자료 모두 굿의 형태이지만, 전체 굿거리를 온전하게 갖추고 있지는 않다. 실제로 일부의 굿거리만을 행하였는지, 전체가 아닌 일부만을 녹화한 것인지는 알 수 없다. 당주굿을 마치고 당으로 향하였다는 점으로 보아 도당굿 당일에 행해졌음을 알 수 있다.

1982년 동막도당굿에서는 서간난 미지가 집전하고, 이용우 산이가 장구를 맡고 전은순 무녀가 징을 쳤으며 기악이 반주하였다. 당주집 대청 마루에 굿상을 차려놓고, 청쾌자를 입은 미지가 당악장단에 도무한 후 공수를 주었다. 공수를 주는 중에도 장단은 계속되었고,

---

7 정병호·이보형 외, 앞의 글, 201쪽.
8 정병호·이보형 외, 앞의 글, 201~202쪽.

자진굿거리에 신복을 벗고 왼쪽으로 한 바퀴 돌고 신복을 밖으로 던지듯 하며 마무리하였다. 이어서 당주에게 쌀산, 복잔을 주고는 콩설기와 북어 일부를 떼어 마당으로 던졌다. 서간난과 조한춘이 별비를 챙겼다.

당주굿의 일부가 녹화된 것으로 보인다. 당악장단에 도무를 하는 형태는 경기 북부나 서울굿의 방식임을 알 수 있다. 도무 전에는 거성 혹은 들어숙배 나숙배를 하는데 도무만 하는 굿거리는 없기 때문이다. 어느 굿거리의 마지막 대목으로 보인다. 아울러 마지막에 자진굿거리를 연주하는 것으로 보아 경기도의 북부와 남부가 혼합된 방식으로 연행하였음을 추정할 수 있다.

1984년 동막도당굿에서 당주굿은 당주집(문패 李俊明) 마루에서 주당물림-부정청배-삼현-소지축원-쌀산주기-부정물리기로 진행되었다. 방문 앞에 상을 차리고 상을 바라보며 굿을 하였다. 상에는 시루와 부정물을 올렸다. 시루 속에 그릇을 담았는데, 쌀을 담고 그 위에 초와 숟가락을 꽂고 실타래를 두른 밥그릇을 얹어두었다.

주당물림과 부정청배는 전은순이 장구를 치며 서울굿의 방식으로 진행하였고 서간난이 징을 쳤다. 삼현은 피리, 대금, 해금, 장구의 편성으로 염불-타령을 연주하였다. 서간난이 당주를 불러놓고 소지하며 축원하였다. 이어서 당주집의 기주에게 쌀산을 주었다. 손바닥에 쌀을 주고는 헤아려주자 기주는 그 쌀을 먹었다. 부정물을 뿌리는 것으로 당주굿을 마쳤다.

현재 전해지는 두 가지 당주굿 사례는 경기도 북부지역 굿 방식이거나 혹은 남부굿 방식이 일부 혼합된 형태임을 알 수 있다. 조사보고서 등의 증언 내용과도 차이가 있어서, 결국 지역 고유의 면모를 지닌 당주굿의 모습을 확인할 수 없다는 한계가 있다.

거리부정

거리부정은 조사보고서 등의 기록에 도당굿의 사례는 나타나지 않고, 집안굿의 한 갈래인 안택굿 사례를 밝히고 있다. 거리부정은 명칭에서 그 기능과 속성이 나타나는데, 부정굿의 일종으로 부정한 존재를 정화하는 의식이다. 굿청이나 당주집과 같이 여러 굿거리가 벌어지는 장소가 아니고, 돌돌이나 도당모시기와 같이 마을의 어느 장소에서 행해진다.

안택굿의 경우 마을의 부정이 있는지 알아봐서 부정한 일이 있으면 거리부정을 친다고 한다. 마당에 멍석 깔고 술, 나물, 과일을 올린 부정상을 차리고, 평복에 부채방울을 든 만신이 밖을 향하여 서서 잽이(장구, 징, 피리, 젓대, 해금)들의 자진굿거리 반주에 무가를 부르는 방식으로 거행한다고 기록되어 있다.[9]

필수적인 의식 절차이기보다는 마을의 상황에 따라 의식 진행이 결정된다는 점을 알 수 있다. 부정굿이 벌어지는 장소도 거리 등 마을이기보다는 굿을 하는 집 안이 된다. 이에 비하여 도당굿의 거리부정은 연행 면모는 흡사하지만, 장소 등에서 차이가 나타나는데, 3가지 사례가 전한다. 1982년 동막과 장말, 1984년 동막도당굿이다.

1982년 동막도당굿에서는 서간난 미지가 거리부정을 담당하였다. 장구를 비롯한 삼현육각이 낙궁을 연주하며, 당주 등 주민들은 당주집에서 전물을 챙겨서 굿이 벌어지는 굿청인 당으로 출발하였는데, 김수남 사진작가 등 조사자들도 함께 당주집에서 보이는 야트막한 산의 소나무 숲에 위치한 당으로 향하였다. 가던 중에 길에서 조한춘

---

9 정병호·이보형 외, 앞의 글, 195쪽.

이 장구를 놓고 무릎 앉은 자세로 연주하고 이용우가 서서 징을 쳤다. 자진굿거리에 서간난 미지가 부정물을 양손에 들고 좌우로 휘휘 젖는 형태로 부정을 물리고는 이어서 전물을 든 주민들이 차례로 지나가면 머리 위로 부정물을 둘러냈다.

부정물의 내용은 화질이 좋지 않아 확인할 수 없다. 전물은 3가지이다. 사각소반에 흰 종이로 덮은 전물이 가장 앞에 섰다. 아마도 시루로 보인다. 두 번째는 둥근 양푼에 담은 육고기로, 소머리로 보인다. 세 번째도 사각 소반에 흰종이로 덮은 전물이다. 좀 더 큰 시루로 보인다.

서간난 미지가 길 한가운데 서서 사방 부정물림을 한 뒤에 길가 양쪽으로 각각의 부정물을 뿌렸다. 이어서 장구 앞에 놓인 부정상의 나물로 보이는 전물을 손으로 집어서 길에 던졌다. 전은순이 종이에 불을 붙여주자 종이를 좌우로 놀리고는 날린 뒤에 맨손으로 춤을 추고 왼쪽으로 한 바퀴 돌고, 양손을 무릎 높이에서 시작하여 위로 뿌리는 것으로 마무리하였다.

1982년 장말도당굿에서는 거리부정이 담긴 직접적인 영상은 발견되지 않는다. 하지만 굿패가 이동하는 도중에 부정을 치는 정황이 발견되어 그 가능성을 두고 다루고자 한다.

당주(장한갑 도당할아버지)의 집으로 추정되는 곳에서 아랫당으로 이동을 하였다. 도당할아버지(장한갑)-징(정일동)-장구(조한춘)-피리-피리-대금의 순서로 행진하였다. 낙궁을 연주하며 마을 길을 행진하다가 도당 어귀에 이르러 자진굿거리를 연주하고는 다시 낙궁을 연주하면서 돌돌이를 하였다.

행진 때는 일반적으로 낙궁을 연주하며, 자진굿거리는 이동 외의 고사 혹은 거리부정과 같은 의식 절차에서 나타난다. 고사라고 하면 산이의 축원덕담을 해야 하는데, 들리지 않는다. 거리부정의 음악이 자진굿거리라는 점에서, 당에 도착하기 전에 간단하게 절차를 진행한 것으로 추정된다.

1984년 동막도당굿의 거리부정은 당주집에서 굿청으로 가는 도중에 길 위에서 간단하게 치러졌다. 마을 청년이 길목에다 짚더미를 태워놓고, 짚더미 앞에는 부정물 두 그릇이 놓여있다. 장구와 징으로 자진굿거리를 연주하였다. 전은순 무녀가 부정물 하나를 들고 놀린 뒤에 자신의 몸을 둘러낸 뒤에 뿌리고, 나머지 하나도 같은 방식으로 반복하였다. 부정물 그릇을 한쪽으로 치운 뒤에 손을 들어 악사들에게 지나가라는 신호를 주니 잽이들이 지나갔다. 오르막길을 따라 굿청으로 줄을 지어 걸어서 올라가고 전물을 든 주민들은 가장 뒤에서 따랐다.

당주집에서 굿청으로 이동할 때는 해금(조한춘)-대금(김한국)-피리(정일동)-장구(이용우)-징(정윤자 무녀)-마을사람 등의 순서로 행진하는 방식으로 하며 낙궁을 연주하였다. 김헌선 교수(당시 대학원생) 등이 뒤따르고, 전은순 무녀가 멀리 뒤에서 제금을 치며 따랐다.

이상 세 가지 사례의 연행 면모는 크게 다르지 않다. 간단한 방식으로 부정을 물리는 절차를 치렀다. 단순하지만 특별한 의미가 있다고 생각된다. 굿청이라는 신성한 장소로 들어가기 위한 통과의례로 보인다. 굿에 참여하는 사람들과 신들에게 올리는 전물에 있을 수 있는 나쁜 존재들을 씻어내는 것이다.

안반고수레

안반은 떡을 칠 때 쓰는 두껍고 넓은 나무판을 말한다. 이 안반 위에 떡과 과일 등 전물을 조끔씩 올려놓고 비손으로 축원하는 의식이 안반고수레이다. 앞으로 벌어질 굿에 탈이 없기를 바라며 잡귀잡신에게 풀어먹이려는 목적이거나 혹은 전물에 별다른 이상이 없는지 여러 사람이 먹어보고 확인하기 위한 절차라고도 한다. 안반고수레의 사례는 1982년 동막도당굿에서 나타난다.

굿청으로 마련한 천막 앞에다 안반 대신에 큰상을 놓고 그 위에 시루떡, 밤, 대추, 튀각, 망둥이 등을 여러 무더기로 만들어 진설하고, 상 앞에다가 사기로 된 술잔 두 개와 술을 담은 큰 사기로 조라(제주)를 올린다. 서간난 미지가 평복으로 상에 술을 올린 후 아무 장단이나 멜로디 없이 두 손은 비비면서 신에게 갖가지 부정을 없애고 안과태평하기를 축원하였다.[10] 본향 등 여러 신을 청하며 마을과 주민들을 위한 축원을 한 후에, 술을 상 주변에 뿌렸다. 소지하고 다시 술을 뿌린 뒤에 안반에 차렸던 전물을 징에 모두 담았다.

연행 모습을 통하여 굿에 청할 신들에게 맛보기 음식을 대접하듯 차리고는 굿의 목적을 잘 이룰 수 있도록 기원하는 의식임을 알 수 있다. 아울러 주민들이 안반에 둘러앉아 음복하면서 이야기하는 것으로 보아 경기도 북부 갈매동도당굿처럼 전물이 잘 되었는지 일종의 평가 기능도 갖는다고 보인다.

부정거리

부정거리는 굿이 벌어지는 장소인 굿청과 그곳에 모인 사람들에게 있을 수 있는 나쁜 존재들을 씻어서 맑혀주는 의식이다. 특정한 신을

---

10 황루시·이보형·김수남, 『경기도도당굿』, 열화당, 1983. 22쪽.

평동도당굿 중 선부정(박인가 촬영)

모시지는 않는다. 그래서인지 연행자인 미지와 산이도 별다른 복장을 갖추지 않고 평복을 입는다.

  부정상은 굿청 입구에 바깥쪽을 향해 차린다. 음악을 연주하는 잽이들은 굿청 한편에 자리를 잡아 앉고, 미지는 굿청 안에서 굿상을 바라보며 굿을 하는 형태가 일반적이다. 부정거리는 크게 세 절차로 진행된다. 산이의 앉은부정청배와 미지의 청배와 부정물림이다.

  1982년 동막도당굿 부정거리는 이용우의 앉은부정청배와 서간난의 선청배로 이루어졌다. 이용우가 굿청 한가운데에 장구를 놓고 그 앞에는 탈곡하지 않은 낟알갱이 채로 담긴 쌀 한 말이 올려졌다. 서간난이 징을 치고 정일동이 피리 조한춘이 해금으로 반주하였다. 이용우는 장구를 치며 오늬섭채 장단을 내고 부정무가를 구송하기 시작하여 모리로 마무리하였다.

  서간난이 은하몽두리를 입고 왼손에 부채 오른손에 방울을 들고 굿상 앞에 섰다. 부정놀이장단에 춤을 추다가 왼쪽으로 한 바퀴 오른쪽으로 한 바퀴를 돌고 굿상을 향하여 반절하는 것으로 마무리하였다. 굿판에서 섭채로 불리는 도살풀이장단에 무가를 구송하고는 부채와 방울을 모아 장구를 향하여 흔드는 것으로 청배를 정리하였다.

부정놀이장단에 춤을 추다 왼쪽으로 한 바퀴 돌고 부채와 방울을 모아 크게 반절하자 자진굿거리장단으로 넘어갔다. 미지는 부채와 방울을 내려놓고 굿상 앞에 마련해 둔 맑은물 잿물을 놀리고 절을 하며 준비한 정성을 편하게 잡수시고 부정을 물려달라는 축원을 하며 굿청에 모인 마을 주민들을 부정물로 둘러내었다. 부정물을 굿청 밖으로 뿌려 버리고는 부정상의 음식을 조금씩 떼어 왼손에 들고 오른손에 부채방울 들고 마을 주민들을 둘러내며 동네방성 도와달라고 축원하였다. 말통의 낟알을 굿청 밖으로 뿌리고는 음식도 뿌려 버린다. 북어를 자신의 몸에 둘르고는 바깥으로 던진 뒤에 소지에 불을 붙여 굿청에 모인 사람들을 둘러냈다.

은하몽두리를 입은 서간난 미지는 또 다른 의식을 이어갔다. 부채방울 춤을 추고는 공수를 주는데, 초부정 초가망 이부정 이가망임을 밝히고는 본향에서 받들어 달라고 한다. 자진굿거리장단으로 축원이 이어지고 은하몽두리를 벗어 놀리고 마쳤다.

1982년 장말도당굿의 부정거리는 조한춘의 앉은부정청배와 무녀들의 부정물림으로 이루어졌다. 부정상에는 콩, 술, 팥시루떡, 감+튀각+밤, 북어+소지가 올려져 있고, 상 앞에 부정물이 있다.

조한춘이 장구를 치며 구송하고 정일동의 징과 피리 대금 해금의 선율이 반주하였다. 오늬섭채장단의 부정청배에 이어 부정물림은 박수무당과 전은순이 집전하여 당악 장단에 당 앞에서 소지하는 방식으로 행하였다. 장말의 경우 굿거리 전체가 아닌 일부분으로 추정된다. 촬영 과정에서 누락 된 것으로 보인다.

1984년 동막도당굿 부정거리는 굿청 안에서 이용우의 앉은부정과 서간나의 선부정으로 진행되었다. 굿청 입구에 바깥을 향하여 부정상을 놓았다. 팥시루떡, 흰편떡 2접시, 밤+대추+짱둥어 2접시를 두 개의 상에 똑같이 차렸는데, 오른쪽 상에는 북어와 소지가 추가되었다. 바깥쪽 상 앞에는 탈곡하지 않은 낟알갱이 쌀 1말, 안쪽 상 앞에는 술 2잔을 두었다.

이용우가 장구를 치며 청배무가를 구송하고 징은 서간난 해금은 조한춘 피리는 정일동 대금은 김한국이 맡았다. 오니섭채에서 모리로 이어졌다.

서간난이 은하몽두리를 입고 부채 방울을 들고 섭채 장단에 무가를 구송하였다. 부정놀이장단에 춤을 추고 오른쪽으로 한 바퀴 돌고, 자진굿거리에 부채와 방울을 위아래로 움직이고는 내려놓았다. 흰 사기 그릇에 담긴 부정물을 양손에 하나씩 들고 놀리고는 주민들을 둘러주고는 밖으로 뿌렸다. 그릇에 북어 대가리, 떡 등 전물을 떼어서 담아 굿청 밖으로 내놓는다. 소지 축원하며 주민들을 둘러내었다. 쌀 산을 주며 공수를 내렸다. 무녀가 대신 받아서 당주에게 전달하였다. 부정물을 둘러내고 북어를 던졌다. 이어서 자진굿거리에 다시 부채와 방울을 들고 춤을 추었다. 당주에게 공수를 주고 다시 춤을 추었다. 공수와 춤을 반복한 뒤에 신복을 벗어 놀리고는 반절하고 마쳤다.

부정거리는 일반적으로 평복을 입지만, 동막도당굿의 경우 1982년과 1984년 모두 미지가 입은 신복은 은하몽두리였다. 아울러 선부정에서 부채방울을 두 번 들게 되는데, 먼저 부채방울을 들고 시작하여 북어를 둘러내는 것으로 마무리를 한 뒤 다시 부채방울을 들고 진행하는 방식으로 이루어졌다.

은하몽두리라는 신복을 입었다는 점과, 부정을 물린 후에 다시 부채방울을 들었다는 점은 일반적이지 않고 특별한 형태로, 부정굿에 이어진 또 다른 굿거리가 존재함을 알 수 있다. 은하몽두리는 대신을 상징하는 복장이며, 경기도도당굿에서는 사용하지 않는다. 무가 사설이 청취가 어려워 일부만 알 수 있는데, 가망과 본향이 등장하고 마을을 위한 목적이 나타난다.

현재의 부정거리는 은하몽두리라는 복장과 두 번째 부채방울을 들고 행하는 절차를 제외하면 거의 같다. 앉은부정은 이용우의 연행과 동일하다. 선부정은 예능보유자였던 오수복의 방식을 전승하고 있다. 2008년도 수원 고색동도당굿에서는 오진수가 앉은부정청배를 구송하고, 김경진이 선부정을 하였다. 먼저 부채방울춤을 부정놀이장단에 추고 부정청배를 섭채로 구송하였다. 부채방울춤을 부정놀이와 자진굿거리장단에 춘 뒤에, 장단을 그대로 두고 부정물림을 시작하였다. 오른손에 북어와 왼손에 소지를 들고 놀린 뒤에, 오른손에 맑은물과 잿물로 이루어진 부정물을 들고 놀렸다. 북어와 부정물을 짧게 놀리고는 당을 시작으로 굿청 곳곳을 다니며 북어꼬리로 부정물을 찍어서 뿌렸다. 축원이 함께 이루어지는데, 당으로다 들던 부정을 비롯한 여러 부정을 열거하고는 부정물로 물려내자고 하였다. 이어서 부정상의 전물을 조금씩 담아 풀어먹이듯이 뿌리며, 여러 수비를 부르며 많이 먹고 물러가라고 축원하였다. 마지막 절차로 소지종이에 불을 붙여 당을 시작으로 곳곳을 둘러낸 뒤 북어 위에 얹어서 완전히 소지하였다. 여러 부정을 청배하여 많이 먹고 물러가며 마을의 안녕을 도와달라 축원하였다. 맨손으로 춤을 추고는 반절로 마무리하였다.

도당모시기(도당모셔오기)

도당모시기는 도당굿의 주신 격인 도당 혹은 당신을 청하여 굿청으로 좌정시키는 굿거리이다. 이용우는 당맞이라고 하여 전날 당주굿을 마치고 아침에 가장 먼저 행하는 거리라고 증언하였다.

당맞이

아침 朝飯을 들고 당주와 무당과 잽이들이 당맞으로 당에 오른다. 당대가 앞장서고 祭物채비가 따르고 잽이들이 해금, 젓대, 피리, 장구, 북으로 길군악을 치며 따르고 뒤에 무당 倡夫 洞民들이 따라간다.

당에 이르면 祭物은 내려놓고 당대, 잽이, 무당, 倡夫가 당을 세 바퀴 돈다. 이 때 잽이들은 꽹과리, 징, 장구로 덩덕궁이를 친다.

모두 세 바퀴 돈 다음 당대는 당 앞에 세워 놓고 祭物을 꺼내 祭壇에 차려 놓는다. 만일 도당굿을 당에서 하게 되면 당 옆에 네 귀로 말뚝박고 멍석치고 祭壇을 쌓고 큰 상을 차리고 여기에서 도당굿을 하며 만일 도당굿 本祭청을 마을이나 다른 곳에 차릴 경우에는 당 앞에 간단히 당상을 차리고 신대로 신을 받고 三絃 치고 돌돌이하고 굿청으로 간다. 만일 당에서 굿을 하게 되면 부정 치고 돌돌이를 한다.[11]

증언에 따르면, 당맞이의 핵심은 '당을 세 바퀴 돈다.'는 의식 행위가 된다. 굿에 참여한 모든 이들이 당으로 가서, 가장 먼저 당을 세 바퀴 도는 것으로 신을 맞이하고 다시 굿청으로 돌아오는 방식임을 알 수 있다.

아울러 당과 굿청의 위치에 따라 굿거리의 순서가 달라진다는 점

---

11 정병호·이보형 외, 앞의 글, 202쪽.

동막도당굿(1990년) 중 도당모시기(김헌선 촬영)

도 확인된다. 당이 동시에 굿청이 되는 경우, 당과 굿청이 서로 다른 곳인 경우의 두 가지로 나뉜다. 당과 굿청이 동일한 위치이면, 당주굿-당맞이-부정굿-돌돌이-시루고사로 진행된다. 당과 굿청이 다른 위치인 경우는 당주굿-당맞이-돌돌이-부정굿-시루고사의 순서라는 것이다. 부정굿과 돌돌이가 당의 위치에 영향을 받게 됨을 알 수 있다. 하지만, 더 중요한 사실은 당맞이가 가장 처음 순서라는 점이다. 앞서 살펴본 굿거리의 순서에서는 당맞이 즉, 도당모시기는 부정굿을 한 후로 나타난다. 순서에 관해서는 별도의 연구에서 다루기로 하고, 실제 사례를 통하여 도당모시기의 면모를 확인하도록 한다.

1982년 동막도당굿의 도당모시기는 굿청에서 시작하여 당으로 가서 모시고 다시 굿청으로 돌아오는 과정으로 나타난다.

굿청 가운데, 손잡이 부근에 흰 폐백을 매단 신대를 고경식이 잡고 맞은편에는 서간난이 바라를 치며 내리기를 축원하고, 그 사이에 전

장말의 웃당인 돌팡구지에서 신을 모시는 도당할아버지(박인가 촬영)

은순이 앉아서 비손하였다. 잽이는 당악을 연주하였는데, 신대가 조금씩 흔들리다가 이윽고 들리며 마침내 대잡이가 일어섰다. 신대-시루-숭어-소머리-술 등의 전물상-장구(이용우)-피리(정일동)-대금-해금-징-주민들 순으로 따라서 이동하는데, 낙궁을 연주하였다.

당가리 앞에 상을 진설하고 주민들은 절을 하고, 대잡이는 당을 돌았다. 당에 도착하자 자진굿거리를 연주하다가 반염불로 이어서 연주하였다.

같은 순서로 굿청으로 돌아가서 신대를 쌀에 꽂고 서간난은 비손 축원 하였다. 흔들리던 신대가 들리고 대잡이는 굿청을 휘돌고는 시루 위에 신대를 올려놓자 전은순이 신대로 대잡이의 몸을 쓸어주며 축원하였다. 잽이들은 당악을 연주하였다.

장말도당굿에서는 도당모시기를 도당할아버지가 주관한다. 1982년 장말도당굿의 도당할아버지는 장한갑이었는데, 자신의 몸에 도당신을 내림으로써 이름 그대로 도당할아버지가 되는 것이다. 도당할아버지는 오래된 도포를 입고 갓을 쓰며 흰색의 긴 천을 든다.

먼저 할아버지가 아랫당 앞에서 절을 올린다. 이때 도드리장단의 반염불을 연주하고 당악으로 바꾸어 연주하고 마쳤다.

아랫당에서 출발하여 웃당인 돌팡구지로 향했다. 도당할아버지(장한복)-무녀(전은순)-마을주민의 순으로 행렬을 지어 이동하고, 이동 중에는 길군악을 연주하였다. 웃당에 이르면 도드리장단의 음악에 절을 하고 이어서 당악장단에 도무를 하며 복 불어주기를 하였다. 도드리장단에 두 손을 모으고 다시 당악에 도무를 한 후, 도드리에 절을 하고 마쳤다.

길군악을 연주하며 아랫당으로 이동하여, 아랫당 안에서 도드리에 절을 하고 당악에 도무하였다. 당 밖으로 나와 도드리장단에 두 손을 모으거나 부채를 흔들고 이어서 당악에 도무를 한 뒤에 다시 도드리장단에 절을 하고 의복을 벗는 것으로 마무리하였다.

1984년 동막도당굿은 1982년과 흡사하다. 도당모시기를 위한 도당상은 네 개다. 숭어, 소머리, 팥떡시루, 술·떡·밤 등 각각을 별도의 상에 올렸다.

상 앞에 놓인 그릇 속의 쌀에 참나무 가지로 만든 신대를 꽂고 고경식이 잡았다. 무녀가 옆에 앉아 축원하고 조한춘과 악사들이 당악을 연주한다. 신대가 떨리고 장단도 더 빨라진다. 신대가 들려서 대잡이가 흔들리는 신대를 들고 선다. 신대-전물상-당할머니(전은순 무녀)-악사 등의 순서로 줄을 서서 낙궁을 연주하며 당으로 이동한다.

대잡이가 흔들리는 신대로 볏짚으로 이루어진 당가리를 계속 두드린다. 반염불을 연주한다. 당할머니가 대잡이에게 당을 돌라고 신호하는 것으로 보이나 확실치는 않다. 당할머니가 당을 돌았다. 굿상 앞에서 무녀가 춤과 도무를 이어갔다. 굿거리와 당악을 연주한다. 신대는 계속 흔들린다. 당할머니는 공수를 주고 당주는 절을 한다. 도무한 후에 술과 전물을 당가리에 뿌리며 축원한다.

낙궁을 연주하며 굿청으로 돌아간다. 신대를 쌀에 꽂고 무녀가 절을 한 후에 비손축원 한다. 이때 당악을 연주하는데 비손축원 할 때 더 빨라진다. 대잡이가 흔들리는 대를 다시 잡아 굿청 여기저기 둘러내고 시루 위에 올리고 마친다.

동막은 당과 조금 떨어진 곳에 천막으로 굿청을 마련한다. 굿청에서 신대를 내려 당가리의 형태인 당으로 가서 도당신을 내려 모셔서 굿청으로 돌아온다. 신대는 참나무를 꺾은 가지인데, 마을 주민[12]이 잡는다. 전물상을 선두로 신대 잽이 무녀 마을주민이 이동한다. 신대로 당을 치면서 한 바퀴 돌고, 당 앞에 차려진 전물상을 두고 무녀는 도무하며 주민들은 절을 한다. 이러한 방식으로 도당신을 모신다. 올 때와 마찬가지로 굿청으로 돌아간다. 도당신을 모신 신대는 굿상에 좌정시킨다.

장말은 신대가 없다. 도당할아버지라는 실제 인물이 존재한다. 그는 신을 받은 무당이 아닌 마을 주민이다. 하지만 도당굿이 열리면 두루마기와 갓을 신복으로 입고 부채와 소창을 도구로 사용한다. 장말은 당집인 아래당과 돌팡구지인 웃당이 있다. 작은 당에 절을 하고 웃당으로 이동하여 신을 내려 굿이 벌어지는 아래당으로 온다.

동막과 장말의 사례는 이용우의 증언과 거의 일치한다. 두 곳 모두 당과 굿청이 분리되어 있어서 도당신을 모시고 이동하는 과정이 첨

---

12 1982년 동막도당굿에서는 고경식 노인이 신대를 잡았다.

가된다. 당신을 모시는 방식이 증언과는 조금씩 다르다. 모두 다르게 나타난다. 모든 참가자가 세 바퀴 돌기, 대잡이가 신대로 당을 두드리며 돌기, 도당할아버지가 춤추고 뛰기의 세 가지 방식이 나타난다. 방식은 서로 다르지만, 당신을 모신다는 점은 일치한다.

한편, 실제사례에서는 당맞이가 처음 순서가 아닌 것으로 나타난다. 부정굿을 한 뒤에 도당을 모시는 방식이다. 돌돌이, 부정굿, 당맞이의 순서는 경기도 남부지역 도당굿은 물론 범위를 넓혀 전국적인 조사와 연구가 필요하다. 마을에 메인 혹은 마을을 지켜주는 신을 언제 어떻게 모시느냐의 문제이기 때문이다. 도당굿에서 도당신의 위상 등의 문제도 영향을 줄 수 있다.

도당굿은 도당신이 주신이다. 도당신과 관련된 굿거리에는 청배와 같은 의식 절차가 나타나지 않는다. 신을 내리고 모셔오고 모셔드리는 절차가 전부이다. 굿거리의 세부절차는 단순하지만, 굿의 주신이 그 대상이 된다는 점에서 반드시 편성한다는 데 의의가 있다.

돌돌이와 장문잡기

돌돌이는 말 그대로 여기저기를 돌아다니는 의식절차이고, 돌돌이를 마치고 당이나 굿청에서 벌이는 의식과 놀이가 장문잡기이다. 조사보고서 등 문헌 기록에 나타난 면모는 다음과 같다.

돌돌이는 굿을 하기 전에 굿패들이 장승과 마을을 도는 의식 절차로 유가라고도 이른다. 장승, 우물 등 마을 공동의 장소에서 상을 차리고 고사 혹은 거리제를 하는데, 정해진 순서가 없으며 가정에서 원하면 들어가서 고사를 지내준다.
기가 있는 경우에 旗가 앞장서고 거리제 지낼 제상-활옷에 갓 쓰고 부채 든 군웅할머니(당할머니)-창부(산이 또는 화랭이)-삼현잽이(해금-대금-피리-장구-징)-무당-마을주민 순으로 따르고 길군악을 친다. 장승 앞에 당도하여 장승을 한 바퀴 또는 세 바퀴 돈다. 꽹과리, 징, 장구로 덩덕궁이를 친다. 당할머니는 장승 앞에 굿상을 차려놓고 술을 붓는다. 창부가 전복에 관을 쓰고 나무칼을 들고 서서 중모리장단에 판패개제로 고사소리를 한다. 다른 장승-큰 우물에 고사를 지내고 이동시 길군악을 친다.[13]

돌돌이의 의미와 목적, 구성 형태, 연행방식 등이 일목요연하게 나타나 있다. 돌돌이를 현장 답사하고 작성한 내용이 있다.

　돌돌이란 마을의 장승과 공동우물에 가서 화랭이가 간단히 빌고 재담하는 것을 말한다. 장승은 굿하는 날 아침에 새로 깎아서 세운다. "東方靑帝將軍 西方白帝將軍 南方赤帝將軍 北方黑帝將軍"이라 새긴 네 개의 장승을 마을의 경계가 되는 사방에 세워 둔다. 장승은 벽사신(辟邪神)이자 동네와 동네 사이의 경계를 나타내기도 한다. 무서운 얼굴로 마을 입구에 버티고 서서 잡귀의 침입을 막는 장승은 동네수호신적인 성격을 지님으로써 도당굿에서 특별히 모셔지는 것이다.
　화랭이와 잽이들이 돌돌이를 나가면 동네 아이들은 수숫대로 만든 깃대를 하나씩 들고 돌돌이패를 따라간다. 아이들이 들고 다니는 깃대 끝에는 백지에다 관운장 등 장군의 이름을 쓴 것을 매달았거나(동막), 오방신장(五方神將)의 이름들을 한 가지씩 쓴 백지를 달았거나(장말) 했는데, 그것은 깃대이기도 하지만 창이라고도 할 수 있다. 삼현육각을 잡히면서 돌돌이를 맡은 화랭이가 나무로 만든 칼을 들고

---

13 정병호·이보형 외, 앞의 글, 202쪽을 참고하여 내용을 일부 정리한 결과이다.

마을 경계에 세워 둔 장승을 향해 가다가, 장승에 가까워지면 갑자기 뛰어가기 시작한다. 그러면 동네 아이들을 소리를 지르면서 창을 들고 따라가 돌돌이의 엉덩이를 찔러대는 것이다. 옛날에는 이때에 방포(放砲)를 놓기도 했다고 한다.

돌돌이는 아이들에게 쫓기면서 장승 주위를 세 번쯤 돌고 나서 장승에게 이 마을을 잘 지켜 줄 것을 축원한다. 장승 앞에는 미리 간단한 고사상이 마련되어 있다. 축원이 끝나면 고사상 앞에 절한 다음, 다른 장승을 향해 옮겨가 먼저와 같은 절차를 반복한다. 이렇게 마을 사방에 세워둔 장승들과 마을의 공동우물을 돌고 나면 집집마다 다니면서 돌돌이를 했다고 한다.

각 집에서는 꽃반이라고 하여 밥상 위에 백지를 깔고 그 위에 쌀을 두어되 가웃 가량 부어 놓고, 또한 돈과 음식을 차려 놓고서 굿꾼의 축원을 기다리는 것이다. 장말은 집집이 도는 돌돌이를 도당할아버지가 주제(主祭)함으로써 약간의 차이를 보이는데,[14]

동막과 장말의 돌돌이 모습을 정리한 결과인데, 마을의 구분이 분명하지 않아 보인다. 대략적인 절차와 순서는 서로 대동소이하다. 눈에 띄는 차이점은 아이들이 오방기를 가지고 따라다니다 고사 지내는 곳에서 집례자인 화랭이의 엉덩이를 찌르는 행위이다. 보고서에는 없는 내용으로 현재까지 장말도당굿에서 전승되고 있으며, 동막에서는 확인되지 않는다. 물론 현재는 아이들이 거의 참여하지 않아서 성인들이 오방기를 든다. 장말은 도당할아버지가 돌돌이를 주관한다고 하였는데, 꽃반세우기와 관련된 것으로 추정된다. 산이가 주

---

14 황루시·이보형·김수남, 앞의 책, 99~100쪽. 영상자료에서는 확인할 수 없는 부분들이 있어서 전체의 글을 인용하였다.

도하는 돌돌이를 함께 진행하는 형태이지만, 도당신의 현신이라는 면에서 주제자로 볼 수 있다.

돌돌이를 모두 마치고 이어지는 의식이 장문잡기로, 이용우가 제보한 보고서의 내용은 다음과 같다.

> 굿패들이 당에 당도하면 당 앞에 볏섬을 놓고 당할머니가 앉으면 창부와 잽이 동민들이 늘어선다. 창부가 "鳴金二下 大吹打하라"고 구령조로 소리하면, 징을 두 번치고 해금, 젓대, 피리, 장구, 북으로 吹打를 친다. 官衙의 신임사또에게 官屬들이 現身하듯 "吏房이요 戶房이요 級唱이요"하며 혼자말로 시늉을 한다. 당할머니가 "이 고을에 광대 고인이 있느냐"고 물으면, "창부가 있다"하면 당할머니가 광대 고인을 불러 재주를 보이라 하고, 이에 창부가 短歌 한자리 부른다. 굿청을 당 옆이 아닌 딴 곳에 차렸으면 길군악 삼현 치고 굿청으로 내려간다.[15]

장문잡기에 대한 조사보고서 내용에서 연행의 모습을 비교적 소상하게 알 수 있다. 장문잡기에 대한 또 다른 보고가 있다.

> 돌돌이를 마치고 굿당에 오면 군웅마나님이 쌀섬 위에 정좌해 계신다. 화랭이는 관가의 위엄을 처려 군웅마나님께 대취타(大吹打)연주와 가야금 뜯는 흉내, 각 도 소리 등 온갖 재주를 보임으로써 기쁘게 해 드리는 것인데, 굿이라기보다는 일종의 장기(長技)자랑이면서도 여흥인 듯하다. 동막에는 장문잡기가 없다.[16]

---

15 정병호·이보형 외, 앞의 글, 203쪽.
16 황루시·이보형·김수남, 앞의 책, 100쪽.

장말도당굿 중 돌돌이(박인가 촬영)

실제 사례인 동막과 장말도당굿의 돌돌이와 장문잡기의 연행면모를 통하여 그 실체를 확인할 수 있다.

1982년 동막도당굿에서는 장문잡기로 이어지지 않고 돌돌이만을 행하였다. 돌돌이는 무녀들의 고사 방식으로 진행되었다. 황치선과 전은순 무녀가 우물과 장승에서 고사를 지냈다. 고사의 장소는 우물-동방 장승-서방장승-우물 순이었다.

우물에서는 비손하며 축원을 하고, 술을 뿌리고, 떡을 떼어 우물 담에 올리고, 주변에 전물을 던졌다. 장소에 따라 소지가 이어지기도 한다. 장승에서는 비손 축원하고, 술 등 전물을 던지며 축원하고, 소지하며 축원한다. 절차의 종류와 방식이 약간 차이가 났지만, 대체적으로 유사하였다.

장말도당굿은 돌돌이에 이어 장문잡기가 이루어졌다. 1982년의 경우, 돌돌이는 조한춘 산이가 담당하였다. 조한춘은 청쾌자를 입고 목검을 들었다. 장구(정일동)-피리-대금이 차례로 서고 마을 청년들이 오방장군이 쓰인 종이를 매단 나무를 들고 앞장을 선다. 돌돌이 상이 따른다. 상에는 소고기, 돈, 시루떡+북어+소지, 튀밥+과자+밤+감+대추를 올렸고, 술을 별도로 가지고 갔다. 영상자료에 담긴 돌돌이 도중의 고사는 당나무, 우물, 학교운동장 3곳에서 이루어졌다.

당나무)[17]

돌돌이를 연주하며 첫 번째로 당나무 앞에 이른다. 당나무에는 장승이 묶여 있다. 자진가락을 연주한다. '덩-따따궁기닥궁-' 이때 마을 청년들이 오방기로 조한춘의 엉덩이를 찌르며 쫓아내는 행위를 한다. 당악장단에 춤을 추고 마무리 절을 올린다. 조한춘의 축원이 이어진다. "장첨지~" 자진굿거리에 고사소리를 구송한다. "고설 고설 ~"

우물)

우물 앞에서 붉은 철륙을 입은 도당할머니(전은순)가 소지를 한다. 조한춘은 덕담을 한 후, 고사소리를 구송한다. 고사소리 도중에 고수레를 한다.

학교 운동장)

자진가락에 청년들이 조한춘의 엉덩이를 찌른다. 조한춘이 덕담을 한다. "높은 데는~ 낮은 데는~ 잡귀잡신~" 덕담에 이어 고사소리를 자진굿거리 음악에 구송한다.

돌돌이를 마치고 아랫당에서 장문잡기를 한다. 굿상을 차리는데 시루떡과 술을 올린다. 시루떡에는 깃발이 꽂혀있다. 당에 도착하여 당할머니인 전은순이 당을 등지고 상 옆으로 앉고 그 앞에 징을 어깨

---

[17] 장승을 묶어두는 역할을 하는 나무일 수도 있다.

평동도당굿 돌돌이 중 가정 고사(박인가 촬영)

에 멘 조한춘이 무릎을 꿇고 장문잡기를 시작하였다. 상 옆으로 도당 할머니인 전은순이 앉아있다.

    조한춘 : 이게 마음으로 정성이니까 인사를 드리겠습니다.
    일동 : 예이
    조 : 취타를 하랍신다.
    일 : (취타 연주)
    조 : (절을 하고 무릎을 꿇고 앉아 징도 같이 연주한다.) 여봐라 취태를 하긴 했으나 **군웅마마님**(? 도당신?) 전좌 시에 예전에 놀 수도 있고 거문고도 키구 그러는 거 아니냐. 그러니 내가 거문고도 켜야하는데, 시간도 없구. 헐주는 아는데 기운두 없구. 오늘은 ~ 그러나 어트게 빼놓수가 있느냐. 행수 집사라면 좀 점잖해야지. 뒷짐 딱 짚고.
    (자진굿거리 음악에 축원덕담하며 복잔과 쌀산을 준다.)

2년 뒤인 1984년 동막도당굿의 돌돌이는 무당들이 아닌 산이 조한춘이 담당하였다. 조한춘 산이가 우물과 장승과 서방장승 세 곳을 돌며 고사하였다. 모두 길군악을 연주하며 이동하여 재담-고사소리 순으로 이루어지는데, 우물에서만은 빠르게 당악을 연주하고 재담한다. 조한춘이 진행하는 고사는 재담과 고사소리로 이루어지며, 두 인물이 등장하는데 한쪽은 고사를 드리는 조집사이고 한쪽은 고사를 받는 우물신이나 장첨지이다. 두 역할을 산이 혼자서 맡으며, 조집사가 대접과 기원을 하고 상대쪽 신은 대우를 받았으니 들어주겠다는 고사소리를 한다. 고사의 내용은 세 곳에서 조금씩 차이가 나는데 마을의 액을 소멸해주고 명복이 깃들기를 바라며, 이에 액을 풀고 재물이 불어나기를 축원해준다.

돌돌이는 절차와 연행이 복잡하지는 않지만, 사례마다 차이가 있어서 정리하며 마무리하고자 한다. 돌돌이는 공동의 우물과 같은 마을의 주요한 곳과 경계를 지키는 장승 등을 돌며 고사를 지내는 것이다. 이때 고사를 원하는 가정이 있으면 들러서 고사를 지내주기도 한다[18]. 마을의 나쁜 액을 물리치고 복을 비는 의식으로 산이가 판패개제 성음으로 고사소리를 한다. 당가리에 올라갈 때와 같이 굿패와 마을사람들이 모두 참여한다. 즉 돌돌이는 마을의 주요한 곳과 집들에서 고사를 지내는 행위와 이동의 과정으로 이루어져 있다. 장말과 동막 모두 조한춘이 하였는데 고사의 구성은 엉덩이 찌르기(당악 빠르

---

[18] 이용우 외, 「대담」, 『경기무악』(소장자료시리즈13), 국립문화재연구소, 2000. 이 음반은 1974년 12월 18일 YMCA 강당에서 경기도의 이름난 화랭이 이용우와 이충선, 지갑성, 임선문, 전태용 등이 참가하여 만든 자료이다. 도당굿의 순서에 관한 대담 중에 돌돌이에 대한 부분을 참조하였다.

게)-목검춤(자진타령)-재담(말)-고사소리(자진굿거리)이다.

시루거리

시루거리는 떡을 찌는시루를 앞에 놓고 청배와 비손축원을 하는 의식이다. 시루고사, 시루말, 시루굿 등의 명칭이 사용된다.

이용우가 제보한 보고서에서는 시루고사라고 부르며, 창부(산이)의 시루청배와 미지의 시루말로 구성되어 있다. 굿상 앞에 큰 떡시루를 놓고 시루고사상을 차려놓고 창부[19]가 두루마기에 갓을 쓰고 앉아 오늬섭채(청배섭채)장구를 손수 치며 시루청배무가를 부른다. 선율은 육자백이토리이고 잽이는 시나위를 친다. 다음으로 미지로 불리는 무당이 평복으로 앉아 반주 없이 소지올리며 축원한다.[20]

무가와 축원의 구체적인 내용은 없지만, 연행방식에 대한 정보를 담고 있다. 이 외에 도당굿의 현장답사 기록이 있다.

당에서 굿하는 장소로 모셔온 도당할아버지·도당할머니가 굿을 잘 받으시는지를 알아보는 시루도듬을 먼저 한다. 당시루를 놓고 도당할아버지(동막은 대잡이)와 무녀가 마주 앉았다. 무녀는 방울을 세게 울리면서 신이 올라서 저절로 시루가 들리게 하는데, 이를 '시루더듬이'라고 부른다. 도당할아버지·할머니가 잘 받으시면 시루가 번쩍번쩍 들린다고 한다. 시루가 들리면 잠시 놀리고 절한 후 끝낸다. 이어 시루

---

[19] 창부는 경기도 도당굿의 산이를 부르는 다른 이름이다. 보고서에는 화랭이, 산이, 공인, 창부라는 호칭이 등장한다. 창부는 산이가 청배와 노정기 등 여러 가지 노래를 부른다는 점에서 사용되는 것으로 보인다.
[20] 정병호·이보형 외, 앞의 글, 196쪽.

말이라는 칠성에 대한 서사무가(敍事巫歌)를 창해야 하지만, 서간난이 노쇠하여 하지 못했다.[21]

조사보고서에 나타나지 않는 시루더듬 혹은 시루더듬이에 관한 내용이 담겨 있다. 도당신이 시루를 잘 받으면 시루가 들린다는 것이다. 시루는 떡을 찌는 도구이고, 떡은 신에게 바치는 성찬이므로 결국 인간들이 올린 전물에 신이 만족하는지를 살피기 위한 의식절차라고 할 수 있다.

영상자료를 통하여 시루굿의 전모를 확인해보도록 한다.

1982년 동막도당굿의 시루굿에는 시루청배가 없다. 옆에 놓인 상에 백지를 덮고 그 위에 쌀을 수북이 부어 놓고 북어(숭어?)를 올려두었다.(시루거리의 상인지는 분명치 않다.) 상을 사이에 두고 굿청 안쪽에는 주민들이 앉아있고, 바깥쪽으로는 당시루가 있다. '당시루'라고 쓰여진 흰종이를 붙인 시루를 고경식 노인이 잡고 그 맞은편에는 서간난이 앉아서 오른손에 든 방울을 흔들며 시루를 잘 받기를 축원한다. 당악을 연주한다. 마침내 시루가 번쩍 들린다. 서간난이 "잘 받는다고 들린거야." "잘 받으신대요."라고 한다. 시루비손 축원과 시루돋음을 한 것이다.

1982년 장말도당굿의 시루거리는 시루돋움(시루받기), 시루청배, 시루비손축원으로 이루어졌다. 도당모시기에 이어서 시루돋음을 하고 돌돌이와 장문잡기 이후에 다시 시루거리를 진행하였다.

---

21 황루시·이보형·김수남, 앞의 책, 100쪽.

시루돋움)

시루를 올린 상을 사이에 두고 도당할아버지인 장한복과 무녀인 서간난이 마주 앉았다. 장한복은 시루를 잡고 있고 서간난은 방울을 흔들며 축원한다. 상의 한쪽 면에서는 전은순이 비손하고 장구는 이용우, 피리는 조한춘이 연주한다. 축원 끝에 시루가 흔들린다. 시루를 당 안에 올리고 마무리한다. 이때 음악은 도드리-자진굿거리-당악의 순서이다.

시루청배)

아랫당 앞 마당에 시루거리 상을 진설하였는데, 두 가지이다. 하나에는 쌀과 술을 올리고, 다른 하나에는 팥시루떡, 감·과자·인절미·대추·밤, 술을 올렸다. 굿상 앞에 앉아 이용우가 장구를 치며 시루청배를 구송한다. 청배의 장단은 오늬섭채이다.

시루비손축원)

서간난이 비손으로 축원한다. 도당할아버지에게 복잔을 주고 소지한 뒤에 주민들에게 쌀산을 준다. 이어서 상의 음식과 북어 등 전물의 한쪽을 떼어내어 던지며 축원한다.

1984년 동막도당굿의 시루거리는 산이의 앉은시루청배와 미지의 시루비손축원으로 진행되었다. 해설자의 설명에 따르면 안쪽으로 떡과 그 위에 촛불을 켠 접시가 있는 시루가 있고 쌀과 북어, 술 두잔, 초 그리고 돈이 놓인 상이 차려져 있음을 알 수 있다. 이용우가 장구로 오늬섭채를 치며 시루청배를 하는데 칠성님이 매화부인을 만나는 이야기가 전개된다. 이어서 서간난의 비손축원이 이어지는데, 날을 잡아 정성을 드리는데 도당과 부정 가망, 별상, 삼신제석님이 오셔서 잘 받으시고 도와달라고 한다. 당주들을 불러 명잔복잔을 주고는 축원하고 소지한다.

시루굿은 산이의 앉은 청배, 미지의 비손축원, 시루돋음으로 이루어진다. 시루돋음이 장말에서는 처음 절차인데, 동막에서는 마지막 절차로 나타난다. 경기 남부굿에서는 산이의 앉은청배와 미지(무녀)의 선굿이나 비손의 형식이 짝을 지어 나타난다. 산이가 앉아서 신을 청하고 다시 미지가 서서 청배하여 대우한다. 즉, 겹으로 구성되어 있다고 보는데 그 이유는 유사한 마달에서 찾을 수 있다. 모든 거리가 그렇지는 않고 부정, 시루, 제석, 군웅(조상)굿에서 나타난다. 예외적으로 시루굿은 미지가 앉아서 비손으로 시루말을 하여 다른 거리와 차이를 모인다. 하지만 형식면에서는 겹으로 이루어진 것은 같다. 또 하나의 문제는 미지가 산이의 본풀이 구연과는 다르게 축원만을 한다는 점이다. 원래 그러한 것인지 아니면 무녀가 생략을 한 것인지는 알 수 없다.

터벌림

터벌림은 장단의 명칭으로 쓰이지만, 터벌림 춤을 동시에 가리킨다. 산이가 꽹가리를 들고 터벌림장단에 사방(四方)을 돌아다니면서 발을 앞으로 차는 방식의 춤사위가 특징적인 춤이다. 도당굿에서 터벌림춤은 꽹가리를 들고 먼저 꽹가리를 쳐서 흥(興)을 일으키고 굿당을 깨끗이 하고 질서를 잡으며[22] 터를 다져 마을이 평안하고 번영하기를 비는 목적을 지닌다. 터잽이라고 부르는 이유가 된다.

한편으로 터벌림은 산이들이 개인의 묘기를 보여주며 큰 규모의 굿거리를 시작하기 전에 굿터를 벌여 놓는다는 의미로 여흥적 성격

---

[22] 정병호, 『巫舞』(무형문화재조사보고서 8), 문화재관리국 문화재연구소, 1987, 72쪽.

을 지니기도 한다.[23] 터벌림은 신을 청하는 정식의 굿거리가 아니라는 점에서 도당굿의 구성에 얽매이지 않는다. 시루고사 또는 제석거리 다음, 손굿이나 군웅굿 전에 하지만, 정해진 것은 아니고 여러 상황에 따라 달라진다.

 1982년 장말도당굿에서는 조한춘과 이용우가 차례로 터벌림춤을 추었다. 조한춘은 꽹가리를 들고 터벌림, 터벌림 모리, 올림채, 넘김채, 겹마치기 장단으로 이어지며 발을 높이 들어서 차고 팔을 힘차게 뻗는 등 시종일관 역동적인 춤사위를 펼쳐냈다. 이용우는 두루마기를 입고 터벌림, 모리, 넘김채, 겹마치기 장단으로 이루어졌다. 터벌림 대목에서는 단아한 걸음으로 차분하게 추다가, 겹마치기로 넘어가서는 아래 사위와 위 사위 모두 동작이 크고 활발해지며 가볍게 뛰는 형태로 추었다. 장말 주민들을 시선을 집중하며 관심을 보였다.

 1984년 동막도당굿에서는 조한춘, 이영수, 이용우, 정일동, 이영수가 터벌림을 추었다. 조한춘은 2년 전 장말과 같은 장단으로 이루어졌는데, 다양해진 춤사위는 물론 장구를 잡은 이영수 및 주민들과도 마주하여 교감하며 적극적으로 춤을 펼쳐나갔다. 장구를 치던 이영수가 다음으로 터벌림을 추었다. 터벌림, 모리, 올림채, 겹마치기의 순서로 이어가는데 능숙한 솜씨로 꽹가리를 치며 다양하면서도 안정된 춤사위를 보여주었다. 이용우는 더욱 다양해진 윗놀음을 선보이며 춤의 신명을 올려가다가 마무리하였다. 악기만을 연주하던 정일동이 검은색 롱코트를 입고 꽹가리로 터벌림장단을 치며 시원시원한 발놀음을 보여주고는 그만두려고 하자, 다른 산이들이 다음으

---

23 황루시, 앞의 책, 79쪽.

로 이어가라고 독려하여 올림채와 겹마치기를 연주하며 춤을 마저 추었다. 이영수를 다시 일으켜 세워 겹마치기를 연주하니 앞뒤로 가고 돌고 발을 받쳐 올리다가 꽹가리와 채를 들어서 윗놀음으로 이어지는 찰나 바닥의 멍석이 밀리며 엉덩방아를 찧으며 마무리되었다. 동막 주민들을 비롯한 굿청에 모인 사람들의 추임새가 계속 이어지고, 춤을 마치고 나면 격려하는 소리들이 들린다.

제석거리

제석거리는 자손의 명복을 위한 굿거리로 알려져 있다. 산이의 앉은청배와 미지의 선굿으로 구성된다.

산이의 앉은청배는 부정, 시루, 군웅(조상)거리와 동일한 방식으로 연행하며, 제석과 당금애기의 만남 등이 담긴 서사무가를 구송한다. 미지는 흰 장삼에 가사를 메고 흰 고깔을 쓰고 부채 방울을 들고 굿상 앞에서 부정놀이 춤을 춘 뒤에, 도살풀이 장단에 무가를 부르고 잽이는 시나위를 친다. 일정한 장단 없는 육자백이토리 소리조의 공수답을 읊고, 굿거리장단에 창부와 만수받이를 하고 조임굿거리(자진굿거리)로 춤을 춘다. 방울 부채를 놓고 삼현도드리나 굿도드리장단-당악으로 춤추고 공수 준다. 더구궁-, 더궁궁-, 더궁궁더, 떡-, 떡- 장단에 바라춤 추고 잠깐 공수답 한다. 노래거리로 옛날에는 창부 혼자서 고사말로 뒷대답을 했다한다. 중모리장단에 판패개로 '온다 중이 온다'하고 소리를 한다. 창부와 가래조 장단으로 '놀으소사 놀으소사 대암제석에 놀으소사'고 노래거리를 한다. 도살풀이 장단에 축원하며 자손에게 잔작한다. 덩덕궁이에 춤을 추고 장단을 달아놓고 수부치고 마치는데, 잽이는 자진굿거리로 삼현을 친다.[24]

평동도당굿 중 제석거리(박인가 촬영)

　1980년대 도당굿 현장의 영상자료에서는 미지의 제석굿을 보기가 어렵고, 1981년 〈경기도새남굿〉에서 온전히 볼 수 있다.
　1982년 동막도당굿에서는 높고 큰 제석상을 만날 수 있다. 왼쪽에는 두부 세 접시, 백설기 한 접시, 중간크기의 스덴에 쌀을 담고 숟가락을 꽂아 실타래를 감았다. 가운데는 밥그릇에 쌀을 담고 숟가락을 꽂고 실타래를 감았고 상위에 쌀을 소복하게 깔았다. 오른쪽에 큰 스덴에 쌀을 담고 가운데와 같은 밥그릇을 얹었다. 이용우 산이가 앉아서 장구로 오늬섭채 장단을 내고 청배를 시작하여 당금애기를 만나 재미동냥을 하는 대목에서 모리로 넘어가서는 마무리하였다. 이어진 제석굿은 경기도 북부 혹은 서울굿으로 진행되었다.

---

24 정병호·이보형 외, 앞의 글, 196~197쪽. 보고서 원문을 필자가 요약 정리하였다.

1982년 장말도당굿에서는 산이의 앉은청배는 없고, 서울굿 방식의 제석굿이 두 번 나타난다. 첫 번째는 시루굿 다음에 아랫당 안에서 전은순 무녀가 제석굿을 집전하는데, 도당할아버지는 당 안에 앉아있다. 만수받이, 거성과 도무, 공수, 바라 축원과 타령, 그리고 호구굿으로 이어졌다. 두 번째는 산거리 다음에 다른 무녀가 다시 제석굿을 하였다. 쌀과 술을 올린 단출한 제석상을 차리고 무녀가 당 앞에서 만수받이를 하고 거성과 도무를 하였다. 제석, 불사 공수를 주는데, 공수를 주민이 아닌 전은순 무녀에게 주었다. 바라를 들고 바라타령을 구송하고는 신복을 벗고 도무하였다. 이어서 호구포에 해당되는 홍치마를 들고 공수를 준 뒤, 도무와 회무하고 절로 마무리하였다.

1984년 동막도당굿에서도 산이의 앉은청배와 서울굿이 결합된 형태였다. 이용우 산이가 제석의 근본을 푸는 제석본풀이를 오니섭채와 섭채 모리로 구송하였다. 정윤자 무녀가 제석, 칠성, 불사 순으로 받아오시고 도와달라는 만수받이를 하고 굿거리와 당악으로 춤을 추고는 제석, 칠성, 불사, 천황 순으로 공수하고 각각의 공수가 끝나면 당악으로 도무하였다. 중상타령과 창부타령을 부르며 명바라 복바라를 팔았다. 언월도와 안개선풍 다리를 건너 후추삼잔을 잡고 오신 제석님께 부모의 만년수와 자손창성을 발원하고 홍수와 대액을 제쳐달라하고는 자진가락에 밤과 대추로 산을 주었다. 호구포를 쓰고는 도와준다는 공수를 하고 얽은 얼굴에 바를 분 값과 연지 값을 받고 마쳤다.

1986년 우이동도당굿의 제석거리에서는 미지의 제석굿을 만날 수 있다. 이용우 산이가 대함제석으로 시작하여 어떤 중을 만나 절에서 공부하는 과정까지 청배를 이어갔다. 미지인 오마금이 홍치마에 흰 고깔 장삼을 입고 홍띠를 왼쪽 어깨에 걸치고 홍띠를 허리에 둘렀다.

왼손에 부채 오른손에 방울을 들었다. 부채방울춤을 추고 도살풀이 장단에 '제석님의 본'을 시작으로 나무를 하러 가는 대목에서 모리로 넘어가서 마무리하였다. 다시 장단에 춤을 추고 마무리한 뒤 당공수를 하였다. 오늬굿거리장단에 미지가 내고 산이가 받는 반복창의 형식으로 만수받이를 하고는 자진굿거리로 넘겨 부채방울춤을 춘 뒤, 굿상을 향하여 서서 흰 소지를 양손으로 잡아 이마 높이로 들고 축원한다. 소지를 흔들며 허리를 숙여 절 세 번을 하고는 방울을 놓고 소지를 양손에 들고 춤을 추고는 왼쪽 오른쪽으로 돌고 공수를 주었다. 자진굿거리에 바라춤을 추고 두 번째 당공수를 주고, 섭채에 천태산 무가와 가래조에 거리노래를 차례로 이어갔다. 춤을 추며 신복을 벗어 놀리고는 큰절을 하는 것으로 마무리하였다.

1981년 〈경기도 새남굿〉의 제석거리는 조한춘의 앉은청배 및 중굿, 오수복의 제석굿으로 이루어졌다. 조한춘은 오늬섭채로 시작하여 모리로 넘기고 발뼈드래로 마무리하는 형태로 제석청배를 구송하였다. 오수복은 부채방울춤, 제석본풀이, 부채방울춤, 당공수, 만수받이, 당놀림, 장삼춤, 공수, 바라춤, 당공수 천태산까지 이어갔다. 조한춘이 뒷대답(중굿)을 하고 다시 오수복이 거리노래를 산이와 교창한 뒤에 염주등 신복을 벗어 놀리고 절을 하고는 마쳤다.

제석거리에 대한 처음 기록은 1983년 이용우의 제보로 그의 제자인 오수복의 연행과 거의 같다. 다만, 노래거리 다음에 잔작을 하는 순서로 제보한데 비하여, 실제 연행에서는 잔작에 해당되는 천태산 무가를 먼저하고 노래거리인 거리노랫가락을 다음에 이어서 부른다는 차이가 있다. 도당굿에서는 반드시 하게 되어 있다고 하는 산이(창부)의 뒷대답[25]이 현재 전승되지 않는데, 1981년 〈경기도새남굿〉에서는 조한춘에 의해 연행되었고, 순서도 이용우의 제보와 일치한다. 1986년 오마금의 제석굿에서는 소지를 들고 축원하는 절차가 특이하며, 한편으로는 당놀림과 장삼춤이 나타나지 않는 점에 차이가 있다.

꽃반세우기(꽃반에 부채세우기)

꽃반은 쌀을 담은 그릇을 가리킨다. 쌀 위에 부채를 세우는 의식을 꽃반세우기라고 한다. 엄격히 말하면 꽃반에 부채세우기가 된다. 꽃반은 각 가정에서 준비한다. 쌀은 굿 의례에서 빠지지 않는 전물이다. 우리의 주식이 쌀이고, 제석본풀이에서는 생명의 씨앗으로 표현되기 때문이라 생각된다. 꽃반을 놓고 비손 등의 방식으로 축원하는 사례는 보편적이지만, 부채를 세우는 사례는 장말이 유일한 것으로 확인된다.

원래는 당이 아니고, 돌돌이를 하다가 각 집에서 행하였다고 한다. 각 집에서는 음식을 차리고 시루를 찌고 꽃반을 올려 정성을 드리면서 부채 세우기로 그해의 운수를 예측하였던 것이다. 1980년까지만 해도 집에 우환이 있으면 도당할아버지를 청하여 부채를 세웠다고 한다.[26]

부천 상말 주민들이 준비한 꽃반은 상 위에 백지를 깔고 쌀을 수북히

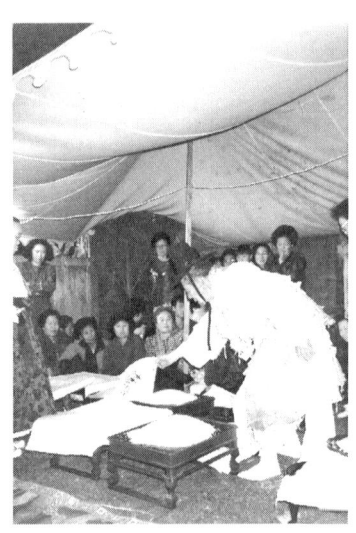

부천 장말도당굿 꽃반세우기
(장한갑 도당할아버지, 김헌선 촬영)

---

25 정병호·이보형 외, 앞의 글, 203쪽.
26 황루시·이보형·김수남, 앞의 책, 102쪽.

부천 장말도당굿 꽃반세우기(장현수 도당할아버지, 박인가 촬영)

부어놓은 형태이다. 쌀 위에 베나 소창에 주소, 성명, 생년월일을 적은 명다리를 올리거나 밥그릇에 쌀을 담아 숟가락을 꽂고 실타래를 감아서 올리는 집도 있다. 잽이들이 삼현을 연주하고 나면 도당할아버지가 두 팔을 벌려 신을 내리고 이어서 한쪽 다리를 드는 방식의 외다리춤을 추다가 꽃반에 부채를 세운다. 부채를 세울 때까지 반복한다.

1982년 장말도당굿의 꽃반세우기는 영상자료로만 30분이 넘게 진행되었다. 굿청을 꽃반이 가득 메웠다. 잽이들의 삼현 연주와 도당할아버지의 부채세우기로 이루어졌다.

먼저 잽이들이 새면을 한통 쳤다. 조한춘의 장구를 비롯한 악기들이 염불과 도드리를 연주하였다. 도당할아버지가 오랜 세월 동안 전해지는 낡은 두루마기를 입고 검은 갓을 쓰고 오른손에는 흰 종이를 길고 짧게 두 갈래로 매단 부채를 들고 왼손에는 희고 긴 천을 들고 당 앞에 서서 의식을 집전한다. 도드리장단에 두 손을 모은 채 눈을

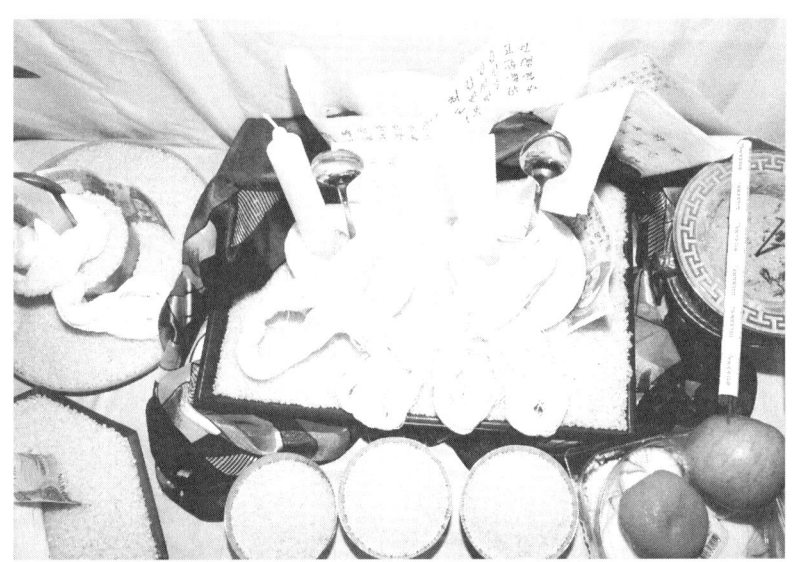
평동도당굿의 꽃반(박인가 촬영)

감고 가만히 서 있다가 당을 향해 절을 두 번 올린다. 일어서서 부채를 들고 흔든다. 장단의 속도가 점차 빨라지고 당악장단으로 넘어가면 몸을 흔들고 뛰기 시작한다. 부채와 흰 천을 든 양손을 흔들며 뛴다. 도드리장단으로 전환하면 다시 두 손을 모은다. 당악장단에 빨리 뛴다. 다시 도드리장단에 꽃반으로 가서 부채를 세운다. 당악장단에 양팔을 위아래 혹은 양옆으로 벌린 모양으로 날갯짓을 하듯 흔든다. 할아버지가 장구를 향해 서서 양팔을 벌리면 도드리를 연주하고, 이에 맞추어 춤을 춘다.

꽃반세우기는 꽃반에 부채가 서야 마무리된다. 부채가 서지 않으면 설 때까지 계속 시도를 한다. 실패가 거듭되면 당으로 들어가 절을 하기도 한다. 이후에는 거의 성공을 한다. 부채가 서면 꽃반을 가져가라고 신호한다.

꽃반에 명다리가 있는 경우 도당할아버지가 손에 들고 놀린다. 해당 꽃반의 주인은 절을 한다. 부채가 세워질 때까지 계속 반복하고, 세워지면 가져가라는 신호를 부채로 하면 마을청년(현 장선수 총무와 전 조합장으로 추정된다.)들이 치운다. 도당할아버지는 꽃반 하나를 남긴 채 절을 하고 휴식을 취하고 식사를 한다.

손님거리

손님은 마마 또는 천연두 신을 위한 굿거리로 깨낌과 손님노정기로 구성된다. 두 절차 모두 산이가 담당한다. 깨낌은 춤과 씨름의 두 가지 세부 절차로 나뉜다. 한 명은 꽹가리를 들고, 한 명은 신칼을 들고 나란히 서서 춤을 추다가 장단이 빨라지면 서로 얼르면서 씨름을 한다. 이용우는 "원바닥에 근본이 있는 사람과 타국서 온 사람(즉 손님)이 서로 만나 반갑다고 인사하는 것과 동시에 시새워 씨름을 한 판 벌이는 것이라"고 설명한다.[27] 지역의 신이 외부에서 온 신을 맞이하지만 결국 싸움이 벌어지는 것이다. 손님이 원바닥의 신을 쓰러뜨리고, 노정기를 길게 구송한다.

깨낌의 경우 실제 사례에서는 씨름은 나타나지 않는다. 쾌자 전복을 입은 산이는 꽹과리 들고, 두루마기를 입은 깨낌꾼은 종이로 만든 대신칼을 들고 삼진삼퇴(三進三退)춤을 춘다. 이어서 부채를 들고 "여봐라 예~"하며 공수답을 자진모리장단으로 부른다. "들어온다 들어온다"를 시작으로 강남에서 여러 곳을 지나 굿청에 당도하여 주민들이 마련한 정성을 받고 집을 지어주는 등의 복을 주고는 화살을 놀리고 쏘아 살을 막고 잡귀잡신을 풀어먹이고 마무리한다.[28]

---

27 황루시·이보형·김수남, 앞의 책, 104쪽.

1982년 동막도당굿의 손님굿은 이용우와 조한춘의 깨낌과 이용우의 손님노정기로 이루어졌다. 이용우는 청쾌자를 입고 쇠를 들었고, 조한춘은 마고자를 입고 목에 붉은 띠를 들렀다. 장구는 정일동, 징은 서간난이 연주하였다. 반설음장단에 이용우와 조한춘은 나란히 서서 이동하며 춤을 춘다. 앞, 뒤, 앞, 회전을 기본적인 순서로 방향을 달리하였다. 제자리에서 겹마치기장단으로 넘겨서 각자 춤을 추고는 마쳤다. 이용우가 청쾌자에 부채를 들고 공수답을 시작으로 노정기를 길게 구송한다. 공수답은 장구로 반주하고, 이후에는 북으로 치며, 활을 들면 다시 장구로 친다. 나귀 타고 배 타고 동막 동네까지의 여정, 주민들을 위한 복을 주고 화살을 쏘고 맨손 춤추고 마무리하였다.

1982년 장말도당굿에서는 조한춘과 이용우가 깨낌춤을 추고 조한춘이 손님노정기를 연행하였다. 조한춘과 이용우가 나란히 서서 사방을 오가며 춤을 추는데, 조한춘은 쇠를 잡고 이용우는 흰 종이 술이 달린 신칼을 무구로 춤사위를 펼쳤다. 조한춘의 손님노정기는 공수답, 노정기, 수비풀이의 순서였다. 공수답과 노정기에서는 부채를 들고, 수비풀이에서는 쇠를 쳤다.

1986년 우이동도당굿의 손님굿은 오마금 미지가 먼저 굿을 하고 이어서 이용우가 손님노정기를 구송하였다. 이용우의 제보[29]에 따른다면, 우이도도당굿의 손굿은 집안굿인 안택굿과 도당굿에서의 방식이 결합된 형태라고 볼 수 있다. 안택굿의 손굿에서는 무당의 굿으로만 하기 때문이다. 무당이 동달이 차림으로 갓을 쓰거나 맨머리 차림으로 부채 방울 들고 도살풀이 무가를 부르고 부정놀이장단에 춤을

---

28 정병호·이보형 외, 앞의 글, 203~204쪽.
29 정병호·이보형 외, 앞의 글, 197쪽.

추다가 덩덕궁이로 춤을 몰아가서는 공수 주고 다시 춤을 추고 마친다고 하였다.[30] 오마금의 손굿은 부정놀이춤, 청배, 부정놀이와 자진굿거리 춤, 만수받이, 춤으로 진행되었는데, 공수가 없고 대신에 만수받이가 있다는 차이 외에는 이용우가 제보한 내용과 모두 같음을 알 수 있다.

군웅거리

군웅거리는 강남으로부터 도래한 군웅님이 마을의 문제들을 해결해주는 굿거리이다. 산이가 군웅청배를 하면, 홍갓에 홍철륙을 입은 미지가 신을 청하여 여러 절차를 수행하고, 미지의 굿 도중 혹은 말미에 미지와 산이가 함께 쌍군웅을 한다. 이어서 산이가 군웅노정기를 구송한다. 이용우의 제보[31]를 통하여 구성 절차를 살펴보도록 한다.

산이의 군웅청배가 처음 절차이지만, '도당굿'의 군웅거리에는 무당 즉 미지의 굿만이 기록되어 있다. 도당굿에서 군웅청배라는 절차가 없어서가 아니라 앞선 '안택굿'에서 군웅청배를 소개하였기 때문이라고 생각된다. 제목이 〈경기도도당굿〉인 아르코 소장본 1986년 우이동도당굿, 지갑성과 조한춘의 연행자료에서 군웅청배가 등장한다.[32] "창부가 두루마기에 갓을 쓰고 조상상 앞에서 장구로 가래조 장단을 치며 평타령으로 부르고 잽이는 간주(間奏)를 한다." 창부, 즉 산이가 담당하는데, 가래조 장단으로 구송함을 알 수 있다.

---

30 정병호·이보형 외, 앞의 글, 197쪽.
31 정병호·이보형 외, 앞의 글, 204쪽.
32 변진섭, 「이용우의 앉은청배 연행 양상」, 『한국무속학』 48, 한국무속학회, 2024, 253쪽.

무당이 활옷에 빛갓(또는 흑립)을 쓰고 부채 방울 들고 도살풀이 장단에 육자백이토리로 무가를 부르고, 군웅상을 싸고 이리저리 돈 뒤에 징을 들고 돈 뒤에 징을 가끔 치며 도살풀이 장단에 육자백이토리로 축원덕담(祝願德談)을 한다. 산이와 미지는 군웅상을 사이에 두고 양편에 갈라서서 춤을 추고, 미지는 활을 쏘고 공수를 주고 물러난다. 산이는 부채 들고 고수(鼓手)의 북장단으로 판패개제 소리를 하고, 덩덕궁 장단에 무당과 재담하며 서로 활 쏘고 수부치고 마친다.[33]

자료에 따라 다른 부분이 있지만, 산이와 미지가 역할을 나누거나 함께 수행하는 큰 틀에서의 면모는 일치한다. 1944년의 청수골의 구능(군웅거리)은 다음과 같은 모습이다.[34]

女巫가 右手에 방울, 左手에 부채를 들고 징과 장고의 부정노리 장단에 맞추어서 춤을 추고, 이어서 三絃六樂에 도살푸리를 獨唱한다. 女巫가 부정노리 장단, 올림채 장단에 맞추어 춤추고 祭床에 向하여 절을 한 뒤에 징을 들고 無伴奏로 춤을 추고는 때때로 징을 祭床에 올려놓고 치면서 「천근이야」하며 천근을 부른다. 女巫가 도살푸리(무가)를 부르는데, 女巫에게 돈을 주며 女巫는 징을 가지고 돈을 걷는다. 다음은 方數밟는 것으로 반서름장단에 맞추어서, 女巫와 工人 兩人이 床을 사이에 두고 對立한 位置에서 女巫는 춤을 추고 男巫는 마주서서 꽹매기를 치면서 東西南北 四方을 한번 돌고 마친다. 女巫가 쇠머리, 닭, 활을 차례로 가지고 춤추고는 공수를 주면, 堂主가 그와 마주 서서 빌고 살(矢)값을 내놓는다. 주무가 퇴장하면 工人이 나와 才談 비슷하게 구능이 그의 執事와 수작하는 시늉을 한다. 구능이 「여보아라」부르면,

---

33 정병호·이보형 외, 앞의 글, 204쪽.
34 이혜구, 「10. 무악연구」, 『한국음악연구』, 국민음악연구회, 1957, 171~174쪽.

執事가 「예에이」하고 對答하는 것을, 혼자서 모두 한다. 구눙의 路程記를 소리하는데, 구눙이 들어올 적에는 「들어온다 들어온다」라고 소리한다.[35]

앞선 이용우의 제보와도 흡사한 면모임을 확인할 수 있다. 1980년대 군웅거리는 어떠한지 영상으로 전하는 면모를 정리하였다.

1982년 동막도당굿은 산이의 청배가 없다. 서간난이 홍철륙을 입고 부채와 방울을 들고 등장하고, 이용우가 장구를 잡고 바라지 하였다. 군웅상에는 소머리가 따로 차려져 있고, 다른 상에는 술 3잔과 북어를 얹어놓은 시루와 떡을 올렸다.

부정놀이장단에 방울을 위아래, 부채는 좌우로 이동하며 춤을 추고, 왼쪽으로 한 바퀴 돌고 부채방울을 아래로 뿌리며 마무리하고는 도살풀이장단에 청배를 하였다. 부채방울, 철륙자락, 징을 차례로 무구로 삼아 춤을 추면서 굿상을 돌았다. 이때 산이들은 부정놀이, 올림채, 모리, 겹마치기 장단을 순서대로 연주하였다. 징을 상에 올린 채 천근을 구송한다. 청배와 같이 군웅님의 치레를 열거하며 청하여 주민들을 위해 축원하고는 도살풀이장단에 징을 치며 축원무가를 구송하였다.

조한춘이 쇠를 들고 등장하여 서간난과 쌍군웅춤을 하고는 퇴장하였다. 서간난이 철륙자락, 대구포, 소머리를 차례로 들고 상을 돌고는 화살 끝에 떡을 꽂아서 활놀음을 한 뒤에 공수를 주고, 신복 벗어 놀린 후 밖을 향해 맨손으로 뿌리는 동작을 하며 마무리하였다.

---

35 필자가 원문 중에 이혜구의 평을 제외하는 등 정리한 결과이다.

조한춘이 청쾌자를 입고 부채를 들고 군웅노정기를 행하였다. 공수답을 먼저 구송하고 노정에 들어가서 동막 주민들을 위해 복을 주고 일 년 열두 달 액도 막아주고 수비를 풀고는 마쳤다.

1982년 장말도당굿에서도 앉은청배 없이, 미지 서간난이 집전하고 산이 이용우가 장구로 반주하였다.

부채와 방울을 들고 섭채 장단에 청배무가를 구송하고, 철륙자락과 징을 차례로 무구로 삼아 춤을 추었다. 철륙을 입고 자락을 잡고 제자리에서 춤을 추고 난 후, 굿상을 중심에 두고 시계 반대 방향으로 도는데 점차 속도가 빨라지는 방식이었다. 이어서 징을 어깨에 메고 굿상을 한 바퀴 돈 뒤에, 다음에는 징을 치면서 도는데 각 방위에서 절을 하였다. 굿상 앞에 이르면, 징을 상에 올려둔 채 세워 잡고 형식이 없는 무장단으로 군웅님의 노정과 주민들을 위한 축원을 판소리의 창조처럼 하였다. 도살풀이장단에 축원 무가를 구송하였다.

청쾌자를 입고 꽹가리를 든 이용우와 홍철륙을 입은 서간난이 쌍군웅을 하며 방수를 밟았다. 서간난이 산종이를 양손에 펴서 들고 시계 반대 방향으로 1바퀴 돌고, 이어서 산종이 위에 소머리를 올린 채 놀리며 시계방향으로 돈 뒤에 산닭을 왼손 산종이는 오른손에 들고 시계반대방향으로 돌았으며, 모든 과정의 음악은 자진굿거리였다. 활과 떡을 꿴 화살을 들고 춤을 추고는 마을의 여성 주민(기주)에게 공수를 준 뒤에 활을 놀리고는 쏘았다. 철륙자락춤을 추며 왼쪽으로 돌고, 철륙자락을 풀어 펼친 후 절을 하며 마무리하였다. 공수를 줄 때 이외에는 자진굿거리를 연주하였다.

이용우가 청쾌자에 부채를 들고 등장하여 공수답, 나귀안장 짓는다, 강남서 훨훨 떠나서, 등등을 구송하고, 활을 들고 수비를 푼 뒤에 쇠 치며 굿상 네 면에 절을 하고 마쳤다.

1984년 동막도당굿의 군웅거리는 서간난과 이용우가 집전하였다. 군웅상에는 소머리, 시루, 시루 위의 대구포, 팥시루떡 3접시, 술 2잔, 좌우 촛불, 아래 작은 상에 쌀을 진설하였다.

서간난이 홀철륙을 입고 부채방울춤을 춘 뒤에 도살풀이와 모리장단에 청배하였다. 굿상 앞에서 부채방울춤을 춘 뒤, 철륙을 무구 삼아 춤추며 시계 반대방향으로 돌고, 징을 어깨에 메고 시계 방향으로, 이어서 징을 들고 각 방위에서 치면서 반배를 하는 방식으로 시계 반대방향으로 돌았다. 굿상을 모두 돌고 난 뒤에 징을 상에 올리고는 군웅의 치레와 동막동네까지의 노정을 창조로 읊었다. 도살풀이장단에 축원무가를 구송하면서 주민들의 참여를 독려하였다. 무가를 마치고 소머리 위에 얹어두었던 소창을 들고 굿상 앞에서 춤을 춘 뒤, 대구포, 산닭, 닭과 소창을 차례로 놀리며 시계 반대방향으로 회전한 뒤에 던졌다. 화살에 시루떡을 꿰어 활에 걸고 놀리고는 주민들에게 공수를 주고, 다시 놀린 뒤에 화살을 쏘았다. 철륙자락을 잡고 춤추고 마무리 한 뒤, 상 앞에 앉아 주민들과 이야기를 하였다.

이용우가 청쾌자를 입고 꽹가리를 들고 서간난과 쌍군웅을 하였다. 상을 사이에 두고 나란히 서서 각 방위에서 삼진삼퇴하며 시계 반대 방향으로 상을 한 바퀴 돌고, 겹마치기장단으로 넘겨서는 후퇴 없이 돌면서 춤을 춘다. 각 방위 제자리에서 회전하고 어깨 위로 꽹가리와 채를 펼쳐 들고 저정거리는 형태의 사위를 펼친다.

바로 이어서 이용우가 부채를 들고 공수답을 시작으로 군웅노정기를 길게 구송하였다.

1986년 우이동도당굿에서는 이용우와 오수복이 군웅거리를 집전하였다. 소머리와 시루를 진설한 군웅상을 굿판 중앙에 차리고 이용우의 앉은청배, 오수복의 군웅굿, 둘의 쌍군웅, 이용우의 군웅노정기로 이루어졌다.

가래조 장단으로 구송한 앉은청배는 악기들의 연주와 이용우의 무가가 교대 방식으로 연행되었다. 마지막 대목은 수비풀이였는데, 무가를 선율악기가 자진굿거리장단에 수성으로 반주하였다.

오수복 미지는 부채방울춤을 추며 시계방향으로 굿상을 한 바퀴 돈 후에 시작지점에서 오른쪽으로 제자리에서 작은 원을 그리며 한 바퀴 돌고 반절로 마무리하였다. 도살풀이장단에 청배를 구송하였는데, 마지막 대목에서는 모리로 장단이 바뀌고 왼쪽 오른쪽 순으로 한 바퀴씩 돌고 반절로 역시 마무리 하였다. 부채방울춤을 제자리에서 추고는 소머리, 우족, 산닭과 활을 차례로 놀리며 시계방향으로 굿상을 한 바퀴씩 돌았다. 이어서 활과 화살을 놀리고 공수 주고를 반복한 뒤에 놀리고는 화살을 쏘았다. 활놀음에서는 관객들에게 축원을 해주며 별비를 거출하였다. 활놀음을 마치고 철륙자락을 무구 삼아 춤추고 맺었다.

청쾌자에 꽹가리를 든 이용우와 함께 쌍군웅을 하였다. 연행의 방식은 앞의 사례와 거의 같다. 이어서 징을 높이 들고 치면서 굿의 내력, 정성의 면모와 그에 대한 보답을 바라는 축원을 하고는 도살풀이에 축원 무가를 구송하였다. 일반적인 군웅거리의 순서에는 부합하지 않으나, 앞에서 천근 절차가 누락 돼 보완하기 위한 연행이라고 생각된다.

이용우의 군웅노정기가 바로 이어졌다.

도당모시기(도당모셔다드리기)

도당모시기는 당으로 도당신을 모셔다드리는 의식이다. 시루굿 앞의 도당모시기와 수미상관을 이루며, 도당굿의 시작에 대비된 마무리의 의미도 갖는다고 할 수 있다. 이용우의 제보에서는 도당모셔오기에 해당되는 당맞이는 있지만, 모셔다드리기 절차는 없다. 한편으로 군웅거리 다음이 당할머니굿인데, 이 굿거리가 당맞이에 대응되는 것으로 판단된다.

당할머니굿은 당할머니상을 차리고 무당이 활옷과 빛갓의 복색으로 부채와 방울을 들고 굿상 앞에서 행한다. 늘어진 덩덕궁이장단에 축원을 하고, 도살풀이장단에 마을 사람들에게 모두 잔을 내리고는 수부치고 마치는 일련의 순서로 진행된다고 하였다.[36]

1986년 우이동도당당굿에서 당할머니굿의 사례를 확인할 수 있다. 오수복이 군웅거리와 같은 복색으로 부채방울을 들고 자진굿거리에 무가를 구송한다. 부채방울을 내려놓고 당악에 도무와 공수 또는 축원을 반복한 뒤에 자진굿거리에 춤추고 마쳤다.

제보와는 뒷부분에서 차이가 있지만, 유일한 사례라는 점에서 의의가 있다. 도당신은 일반적으로 할머니와 할아버지의 둘로 구성된다는 점에서 당할머니는 도당신으로서 굿을 위한 정성과 무사히 마친 것에 대한 보답으로 복을 주고 마무리하는 방식이라고 생각된다. 모셔오고 모셔다드리는 과정에서 도당신의 자발적인 모습이 나타나지 않지만, 당할머니굿에서는 당신이 주체가 되어 주민들에게 축원을 하는 차이도 있다.

동막과 장말은 모셔오고 모셔다드리는 수미상관의 원리가 그대로

---

36 정병호·이보형 외, 앞의 글, 204쪽.

적용된다.

  1982년 동막도당굿에서는 도당모시기와 같이 신대에 신을 받는 것으로 시작되었다. 굿청 안에서 쌀에 꽂은 신대를 당주가 잡고 서간난이 앞에 앉아 바라를 치며 축원하니 신대가 흔들렸다. 악사들은 당악으로 반주한다. 흔들리는 신대를 잡고 밖으로 나가서 굿청 앞 곳곳을 다니며, 정업이도 친다. 신대-시루-소머리 등 3개의 전물상-악사의 순서로 당가리를 향하여 행진한다. 악사들은 낙궁을 연주하였다.

  당가리에 도착하자 당악을 연주하고, 대잡이는 신대를 흔들고 당가리를 치면서 당가리를 여러 바퀴 돈다. 무녀들은 비손하며 반절을 반복한다. 악사들은 내려가고 서간난이 비손 축원과 소지를 올린다. 당주들은 절을 한다. 전은순은 당가리를 돌며 축원을 한다. 당주들이 당가리에 술을 뿌리고 전물을 던진다. 당주들이 전물상을 들고 굿청으로 돌아간다.

  1982년 장말도당굿의 영상자료에는 해당 굿거리가 나타나지 않지만, 현장을 조사한 기록에서는 찾을 수 있다. 군웅거리를 마치고 새벽이 되어 날이 밝으면 다시 도당할아버지는 신을 내려 웃당인 돌팡구지로 가서 도당을 좌정시키고 돌아오는데, 이때 당주, 무당, 잽이, 마을 사람들이 모두 함께 간다고 하여 앞의 도당모셔오기와 거의 동일하다고 볼 수 있다.[37]

  1984년 동막도당굿에서는 주민인 고경식, 무녀인 정윤자와 황치선이 도당모시기를 담당하였다. 굿청 안에 소머리와 술잔 둘을 올린 상, 흰편을 얹은 팥시루떡 세 접시 및 밤·대추·망둥어와 각각 북어

---

[37] 황루시·이보형·김수남, 앞의 책, 106쪽.

또는 흰 채를 올린 두 개의 상, 그리고 낟알 상태인 쌀 한 말이 있다. 맞은편에는 악사들이 있고, 그 사이에 쌀에 꽂은 신대를 잡은 고경식, 신대 너머에는 정윤자가 앉아서 징을 잡았다.

징을 치며 축원을 하자 서서히 신대가 떨리더니 위로 들리고, 결국 고경식이 흔들리는 신대를 들고 굿청 안쪽으로 향하였다. 연주되던 음악이 당악에서 신대가 들리자 낙궁으로 바뀌었다. 신대, 황치선, 굿상, 악사, 주민들이 당으로 향하여 행진하였다. 당가리인 당 앞에 굿상을 차리고 도드리장단의 음악에 당주로 보이는 주민들은 절을 하고, 대잡이인 고경식은 신대가 이끄는 대로 당을 치다가 당에 좌정시켰다. 황치선은 축원을 하다가 도무하고 공수를 주었다. "이 정성을 받고 대동이 수사나지 않게 도와주시마." 다시 도무 후에 전물을 고수레하며 축원하고는 신복을 벗으며 마무리하였다.

이후의 영상자료가 없어서 단정할 수는 없지만, 1982년과 같이 신대를 당가리에 세워두고 다시 굿청으로 돌아갔을 것으로 추정된다. 1982년 영상에서 연행의 모습은 보이지 않지만, 주민들이 돌아가는 과정 중에 신대가 당가리에 기대어있는 장면을 확인할 수 있기 때문이다. 아울러 앞의 모시기와는 달리 돌아갈 때는 연주하지 않고 악사들이 먼저 내려가고 굿상을 든 주민들과 무녀가 축원을 마치고 뒤에 이동하였다.

중굿

중굿은 산이가 제석거리 복색을 차려입고 춤으로 시작하여 다양한 무가를 부르며 복을 불어준 뒤에 수비를 풀고 마치는 의식이다. 1980년대 경기도 도당굿과 새남굿에 등장하는데, 연행자로는 조한춘이 유일하다. 현재는 전승이 되지 않는 상황이라는 점에서 그 내력을 먼저 검토하고자 한다.

중굿[38]은 조사보고서, 영상과 음원자료 등에서 찾을 수 있는데, 여러 가지 다른 이름으로 나타난다. '공인 중내려온다', '창부 뒷대답', '뒷대답', '중굿' 등으로 불린다. 명칭은 다양하지만 중굿을 중심으로 볼 때 세 가지 측면에서 공통점을 찾을 수 있으므로 같은 절차일 가능성이 크다.

첫째는 연행주체를 이르는 호칭으로 '공인', '창부'는 산이의 다른 이름이라는 점이다. 둘째는 사설로써 '중내려온다'는 대목이 실제 중굿과 일치한다는 점이다. 셋째는 연행형식으로 '뒷대답'은 중굿에서 산이 둘이 짝이 되어 펼치는 방식과 일치한다는 점이다. 이 중에 중굿이 연행의 특성을 가장 잘 나타낸 것으로 판단된다.

중굿은 중이 진행하는 굿을 말한다. 중굿은 〈제석굿〉의 한 절차로도 나타나고 독자적인 굿거리로도 존재하지만, 연행은 둘이 같다. 중굿의 담당자는 산이이다. 산이가 주도하고 산이가 보조하게 되어 미지의 개입은 전혀 나타나지 않는다.

산이는 제석의 복장을 하는데 미지와 동일하게 흰 고깔 장삼을 갖추고 나온다. 산이는 한바탕 춤을 추고 입장을 한다. 산이가 등장하면 북을 치는 다른 산이가 중에게 말을 하고 이에 중은 대답하면서 다양한 형식과 내용의 연행을 길게 펼쳐나간다. 앉아 있는 산이는 북을 쳐주기도 하고 말로 상대를 해주는 등 두 명의 산이가 굿을 주도하고 보조하는 형태의 협력방식이다. 중은 처음에 등장할 때는 나쁜

---

[38] 변남섭, 「경기도 남부 〈제석굿〉 연구」, 경기대학교 박사학위논문, 2012, 63쪽. 이 연구를 중심으로 중굿의 내력을 정리하였다.

짓을 저지르는 존재로 사람들에게 지탄의 대상이다. 하지만 중은 스스로 자신이 이로운 존재임을 밝힌 뒤에 인간에게 갖가지 복을 주는 노래와 재담 등의 행위를 한다. 중굿의 노래에 쓰이는 장단은 타령, 자진모리, 엇모리 등이며 이러한 장단을 바탕으로 한 연행의 방식은 판소리와 흡사하다.

중굿이 제석거리에 속하는 경우가 〈경기도새남굿〉에서 나타난다. 천태산 무가 다음이 중굿이다. 천태산에서 제석중상을 부르기 위한 염불을 하게 되고 그 결과 중이라는 존재로 굿판에 현신한다는 가설을 세울 수 있다. 사제자인 미지가 〈제석굿〉에서 기원하는 것은 인간에게 각종 복을 달라는 내용이다. 이와 같은 내용은 중굿의 중이 하는 기원과도 일치한다. 둘의 기원은 내용이 거의 같다. 반면 둘의 연행방식은 다르다. 미지와 산이가 하는 연행은 경기도 남부굿에서 나타나는 대표적인 겹굿의 방식이다. 미지의 연행을 산이가 방식을 달리하고 내용을 확대하는 형태의 겹굿이 성립된다. 노정기와 맥락이 닿는 것으로, 중굿은 〈제석굿〉의 주신인 제석신이 현신한 중의 굿을 의미하며 인간에게 복을 불어다 주는 기능을 하는 절차라고 볼 수 있다.

제석굿 중 "노래거리로 옛날에는 창부 혼자서 고사말로 뒷대답을 했다"[39]와 "당에서는 반드시 창부가 하게 되어 있다"[40]는 이용우의 증언은 제석굿의 하위 절차라는 점을 뒷받침해준다. 손님노정기와 군웅노정기와 같이 제석굿 중에 산이가 펼치는 일종의 굿놀이인 것이다.

한편으로 동막과 장말 도당굿에서는 제석거리에 속하지 않고, 도당을 모셔다드리고 난 후에 배치된다. 마지막 굿거리인 뒷전 바로 앞이

---

39 정병호·이보형 외, 앞의 글, 197쪽.
40 정병호·이보형 외, 앞의 글, 203쪽.

다. 연행의 내용과 방식이 같으므로 왜 그 위치에 등장하며, 그 기능이 무엇인지가 문제가 된다. 이용우의 제보에 "옛날에는 ~~~했다"는 표현, 유일한 연행자인 조한춘이 적극적으로 실연하려는 모습에서 제석거리가 아닌 굿의 막바지로 밀려난 것이 아닌지 의문이 든다.

1982년 동막도당굿 굿청에 조한춘이 흰장삼에 흰고깔을 쓰고 등장하며, 장구는 이용우가 담당하였다. 술 2잔, 백설기, 튀각, 팥시루를 올린 상과 쌀을 수북하게 쌓은 상을 차렸다.

조한춘이 좌중 앞쪽에 왼쪽으로 비스듬히 누운 채, "중놈아"라 부르고는 중의 내력을 말로 소개하고는 마을에 온 목적을 설명한다. 엇모리장단으로 '중 나려온다'를 부르며 등장한 중은 길을 이동하며 새타령으로 경치를 보여주다가 주민들에서 복을 빌어준다. 수비를 풀어먹인 뒤에 춤으로 마무리하였다.

1982년 장말도당굿의 중굿은 조한춘이 담당하고 정일동이 장구로 반주하였다. 흰 고깔 장삼에 붉은 띠를 오른쪽 어깨에 빗겨 메고 중허튼타령 음악에 춤을 한참 동안 흐드러지게 추었다. 장구 앞에 앉아 부채질하며 재담하다, 일어서서 새타령 등을 노래하면서 당에 앉아 있는 도당할아버지나 주민들과 재담도 하였다.[41]

1984년 동막도당굿에서는 조한춘과 이용우가 서로 댓거리하며 시작하였다. 1982년에는 조한춘이 중의 내력을 혼자 소개한 데 비하여, 1984년에는 이용우가 내력의 일부를 함께 밝혀주는 방식이다. 이후 중이 내려와서 집과 세간을 마련해주고 수비 푸는 과정을 노래하고 마쳤다.

---

41 영상자료의 내용이 전체가 아닌 부분이라서 온전하게 파악할 수 없다.

뒷전

뒷전은 굿판에 따라온 영산, 수비, 잡귀잡신을 풀어먹이는 굿거리이다.[42] 뒷전은 미지가 참여하지 않고 산이가 전적으로 담당한다. 산이 2명이 굿꾼과 깨낌꾼이 되어 깨낌, 재담과 소리 등의 방식으로 연행한다.

뒷전은 깨낌, 어뎅이 모색확인, 막둥이 죽음, 이별 후 오쟁이 물건 찾기, 수비멕이기, 점괘풀이 및 정애비 징치로 구성된다. 깨낌은 손님거리에서와 같이 둘이 벌이는 씨름으로 굿꾼이 이긴다. 굿꾼은 자신을 모르냐고 묻고 노래로도 알려주다가 마침내 자신이 어뎅이라고 밝힌다. 깨낌꾼에게 막둥이의 죽음을 듣고 장사를 지내준다. 쫓겨나며 오쟁이 모아둔 물건을 찾아서 떠돌다가 도당할아버지 행차를 만나 안전 막둥이 임무를 맡게 된다. 수비를 풀어서 먹이는데, 마지막에 장님수비가 점괘를 풀어준다. 짚으로 만든 인형인 정업이를 징치하여 태우는 것으로 굿판을 정화하고 굿을 모두 마친다.[43]

1982년 동막도당굿 뒷전의 굿꾼(의딩이)은 이용우, 깨낌꾼은 조한춘이 북을 치며 동시에 담당하였다. 정업이, 오쟁이, 빗자루를 무구로 사용하였다.

이용우가 정업이에 걸려 있던 오쟁이를 찾아서 굿청으로 들어온다. 주민들에게 축원을 해주는 것이니 오쟁이에 뒷전 별비를 넣으라고 한다. 깨낌도 하고 씨름도 해야하지만, 사람이 없다고 하며, 나를 모르냐고 묻는다. 나를 모르냐며 자신이 누구인지를 소개하였으나 모른

---

42 김헌선, 『경기도 도당굿 무가의 현지 연구』, 집문당, 1995, 56쪽.
43 김헌선, 앞의 책, 72~78쪽.

다고 하자, 서방님의 어머니와 아버지 내력을 노래로 밝힌다. 둘 사이에 어렵게 아이를 갖게 되어 공부시키고 농사를 가르치나 성과가 없어 걱정하다가 별안간 막둥이를 찾는다. 막둥이가 죽은 사실을 알고 의딍이는 장례를 치른다. 집에 돌아오지만 쫓겨나게 되고 오쟁이에 모아놓은 재물도 잃고 찾을 수 없게 되자, 활과 화살로 수비를 쏘아내고 정업이를 징치하고 마친다.

1982년 장말도당굿 뒷전은 이용우가 담당하였다. 자진가락에 부채를 들고 무언가를 쫓아내는 동작을 하였다. 장면이 바뀌어, 날몰라타령을 부른다. 주민들이 정업이 제작을 마무리하여 당 밖에 세워둔다. 이용우가 활과 화살을 들고 수비풀이를 한다. 굿청으로 정업이를 끌고 들어와 십장가로 징치한 뒤에 태운다. 이용우가 징을 치며 춤을 추고 오른쪽 왼쪽으로 돌고 반절을 하는 것으로 마무리한다.

1984년 동막도당굿 뒷전은 이용우가 굿꾼, 조한춘이 깨낌꾼을 맡았다. 조한춘이 굿청 안에서 춤을 추고, 이용우는 굿청 입구에 이르러서 오쟁이와 맥고모자는 왼손에 들고 오른손에 든 빗자를 이마에 올리고 안을 살피다가 안으로 들어와서는 마주한 위치에서 춤을 춘다. 각자 춤을 추며 굿청을 돌다가 자진가락(휘모리)에 둘은 잰걸음으로 뛰어다닌다. 한 손을 앞으로 내는 형태로 맞서다가 서로 붙들고 씨름하여 이용우가 이긴다. 이용우 산이가 날몰라타령, 밥근본 등으로 자신을 밝히지만, 모른다. 어머니의 서방 얻기와 품팔기, 아버지 품팔기. 자식 발원하여 결국 얻어 글, 농사를 가르친다. 다시 몰라서 걱정이고, 어른 근본을 알려준다. 어른이 의던이가 되어 막둥이를 찾았으나, 죽었다는 소식을 듣고 장례를 지낸다. 그동안 모아둔 재물이 든 오쟁이를 잃고 떠돌던 중 안전막둥이의 임무를 맡아서 동네의 수비를 활로 쏘아 보낸다. 마지막으로 정업이를 징치하고 마친다.

수원 거북산당도당굿 뒷전의 　　　　부천 장말도당굿 뒷전 중
오쟁이와 정업이(박인가 촬영)　　　　정업이와 깨낌(박인가 촬영)

　　뒷전은 의딩이의 이야기가 서사적으로 진행되는 극의 형태를 갖추고 있으며, 마을에 있는 나쁜 존재들을 싸움이라는 직접적인 방법을 통하여 제거하는 행위들이 나타난다. 싸움은 깨낌이라고 하여 일종의 씨름이라고 할 수 있다. 초입에 의딩이와 깨낌꾼이 서로를 살피다가 붙들고 싸우는 대목과 말미에 짚으로 만든 인형인 정업이와 싸우는 대목이 깨낌이다. 두 가지 싸움을 하는 주체가 의딩이다. 초반에 자신의 면모를 보여주지만, 다들 모른다. 이야기가 전개되면서 마침내 좋지 않은 것들을 물리치는 존재임이 밝혀진다. 활과 화살로 쏘고 정업이를 쓰러트리며 자신의 임무를 완수한다. 의딩이는 1984년 동막도당굿에서는 후반부에 안전 막둥이로 바뀌기도 한다.

III
경기도 도당굿의 장단

 장단은 굿의 필수 요소이다. 굿은 가무악희로 이루어져 있는데, 이들의 형식적인 틀이 바로 장단이기 때문이다. 한편으로 보면 굿을 이해하기 위한 필수 요소가 또한 장단이라는 말이기도 하다. 장단을 파악하면 굿을 이해하는데 한층 가깝게 접근할 수 있게 된다는 것이다.

1. 장단의 개요

 경기도 남부 도당굿에는 다양한 장단들이 등장한다. 지역의 독자적인 형태를 가진 장단이 있는가 하면, 판소리와 풍류 음악 등에 사용되는 장단들도 있다. 가무악이라는 연행 요소에 따른 장단의 종류가 정해져 있으며, 장단에 따라 악기의 편성이 달라진다. 이러한 장단들은 음악의 주요한 요소인 박자 면에서도 다양함을 확인할 수 있다.
 굿이라는 의례는 무형의 연행이 그 실체가 된다. 흔히 가무악희라고 하는데, 이 중 희는 가무악에 비하여 복합적이라는 점에서 가무악과 관련된 장단들을 살펴보도록 한다. 가무악에 사용되는 장단들은 각각 다르다. 가는 무가로 노래를 가리킨다. 신을 청배하여 놀리고 풀어먹여서 보내는 등의 절차에 따라 별도의 무가가 존재한다. 무는 무무로 춤을 말한다. 절차는 물론이고, 무구에 따라 서로 다른 춤이 나타난다. 악은 춤이나 노래가 없이 악기로 연주만을 하는 형태이다. 하지만 예외도 있다. 자진굿거리와 타령의 경우가 대표적인 예로 두 가지 이상의 연행에 중복되어 쓰인다. 자진굿거리는 가와 무에 타령은 무와 악에서 모두 나타난다.

가 : 섭채(도살풀이), 오늬섭채, 섭채모리, 발뻐드래, 만수받이, 가래조, 자진굿거리, 푸살[1], 삼공잽이, 중모리, 중중모리, 자진모리, 진양

무 : 부정놀이, 터벌림, 올림채, 겹마치기, 염불마리, 자진굿거리, 도드리, 당악, 타령, 진쇠[2]

악 : 낙궁, 염불, 타령, 굿거리, 취타

경기도 남부 도당굿에서 장단은 장구, 징, 북을 연주하여 만들어낸다. 장구는 궁채와 열채를 양손에 갈라 쥐고 연주한다. 궁채는 대나무 두 쪽을 맞대고 그 양옆을 굵은 철사로 버티는 형태이다. 징은 손을 안쪽에 넣어 울림을 막고 트는 방식으로 연주한다. 북은 세워놓고 한편은 맨손으로 다른 한편은 북채로 연주하는 방식으로 판소리의 소리북과 같다. 어떤 장단이냐에 따라 연주하는 악기 혹은 악기들이 정해진다.

---

[1] 푸살은 집을 위한 성주굿에 사용되는 장단이지만, 창작품에 자주 사용이 되어서 포함하였다.

[2] 진쇠는 굿에서 연행된 실제 사례가 없지만, 보고서 등에 기록된 증언에서 존재를 확인할 수 있다는 점에서 포함하였다.

장구+징 : 낙궁, 부정놀이, 섭채, 오늬섭채, 섭채모리, 발뻐드래, 자진굿거리, 만수받이, 염불마리, 가래조, 터벌림, 올림채, 진쇠, 겹마치기, 푸살, 도드리, 당악, 염불, 타령, 굿거리, 취타
장구 : 빠른 자진굿거리, 타령
북 : 삼공잽이, 중모리, 중중모리, 자진모리, 진양

꽹가리를 연주하는 경우가 있다. 터벌림춤, 깨낌춤, 쌍군웅, 손님노정기와 군웅노정기에서 산이가 춤을 출 때 무구로 사용한다. 군웅거리 중 미지의 방수밟이에서 장구와 징에 꽹가리를 추가로 편성하기도 한다. 하지만, 연주자가 많을 때 음악을 강화하기 위한 수단이므로 위의 편성에는 포함하지 않았다.

장단연주에 필요한 악기의 편성은 대부분 장구와 징이 짝을 이루는 형태이지만, 장구만 연주하기도 하고 북이 독자적으로 편성되기도 한다. 장구와 징 연주의 장단에는 경기도 남부 도당굿에서만 나타나는 장단들은 물론 다른 영역에서 사용되는 장단들도 포함되어 있다. 장구로만 연주하는 타령에서는 탈춤이 연상되기도 한다. 아울러 북으로 연주하는 장단들이 판소리와 흡사하다는 점도 특이하다.

경기도도당굿에서 사용되는 장단들은 박의 구성도 다양하다. 오늬굿거리는 2박이고, 오늬섭채, 섭채모리, 자진굿거리, 발뻐드래, 겹마치기, 당악, 타령, 올림채, 타령굿거리, 중중모리, 자진모리는 4박, 섭채, 도드리, 가래조, 삼공잽이, 세마치는 6박, 부정놀이, 낙궁, 염불마리는 8박, 터벌림은 5박 또는 10박, 취타, 진쇠, 중모리는 12박, 푸살은 15박이다. 박은 소박으로 이루어지는데, 부정놀이와 섭채 등은 1박이 2소박이고, 자진굿거리 등은 3소박이며, 가래조, 진쇠, 올림

채는 2소박과 3소박이 함께 편성된다.

박, 박자, 소박의 구분은 절대적이지 않다. 여러 기준에 따라 다르게 볼 수 있다. 경기도도당굿에 왜 이렇게 다양한 종류와 형태의 장단들이 쓰이게 되었는지는 분명하게 알 수는 없다. 아마도 오래 세월 동안 정치 경제적으로 중심이 된 지역에서 형성되었다는 점에서 여러 요소가 작용한 결과라고 추정된다.

2. 굿거리별 장단

앞장에서 각 굿거리의 연행 면모를 살펴보았다. 굿거리를 구성하는 절차들 속의 가무악희에 사용된 장단들을 아래의 표에 굿거리별로 제시하였다. 장단의 배치는 등장하는 순서에 따랐으며, 여러 번 사용되더라고 한 번만 기록하였다.

〈굿거리별 장단〉

굿거리		장단
당주굿		자진굿거리, 당악, 염불, 타령, 굿거리, 부정청배장단
거리부정		자진굿거리
부정굿	앉은부정	오니섭채, 섭채모리
	선부정	부정놀이, 섭채, 섭채모리, 자진굿거리
도당모시기		도드리, 당악, 낙궁
돌돌이		낙궁, 중타령, 자진가락, 자진굿거리
장문잡기		취타, 중모리, 자진굿거리
시루굿	시루청배	오늬섭채, 섭채모리
	시루비손	비손

굿거리		장단
제석굿	앉은청배	오늬섭채, 섭채모리
	제석굿	부정놀이, 섭채, 섭채모리, 자진굿거리, 오늬굿거리, 도드리, 당악, 염불마리, 가래조, 타령굿거리
꽃반	새면	염불, 도드리
	꽃반세우기	도드리, 자진굿거리, 당악
터벌림		터벌림, 터벌림모리, 올림채, 겹마치기, 자진굿거리
손굿	깨낌	터벌림, 터벌림모리, 겹마치기, 자진굿거리
	손님노정기	빠른자진굿거리, 삼공잽이, 자진모리, 중중모리, 세마치, 휘모리, 중모리, 엇모리
군웅굿	앉은청배	가래조, 자진굿거리
	군웅굿	부정놀이, 섭채, 섭채모리, 올림채, 올림채모리, 겹마치기, 자진굿거리
	쌍군웅	터벌림, 터벌림모리, 겹마치기, 자진굿거리
	군웅노정기	빠른자진굿거리, 삼공잽이, 자진모리, 중중모리, 세마치, 휘모리, 중모리, 엇모리
도당모셔다드리기		도드리, 당악, 낙궁
중굿		중타령, 엇모리, 중중모리, 자진모리, 자진굿거리
뒷전		중타령, 휘모리, 자진모리, 중모리, 진양조, 엇모리, 자진굿거리

굵게 표기한 장단은 경기도 도당굿에서만 사용되는 지역의 독자성을 지닌 장단이다.

경기 북부 혹은 서울굿에서 사용되는 장단들이 나타난다. 당주굿, 도당모시기와 꽃반세우기, 제석거리가 해당된다. 당주굿은 경기 북부 혹은 서울굿 방식이 포함되어 있고, 그에 따른 장단도 마찬가지로 나타난다. 굿거리 전체에 대한 자료가 없어서 전모를 알 수 없지만, 전승되는 자료로 보아 서울 등지의 굿 방식이 집굿에는 이미 많이 들어온 것으로 추정된다. 도당모시기는 도당할아버지나 신대에 신이 강림하는 과정이 있으므로 강신무권의 음악이 사용되었다고 할 수 있다. 제석굿은 장삼춤의 일부, 공수, 바라타령 등이 타지 굿의 영향을 받은 결과라고 보인다.

풍류 계통 음악의 장단들이 확인된다. 돌돌이 중 행진 과정의 낙궁, 장문잡기에서 당할머니에게 올리는 취타, 주민들의 복을 점치는 꽃반세우기에 앞서 도당할아버지를 위한 새면에서 나타난다. 춤이나 노래의 반주가 아닌 독자적인 연주 형태인 경우임을 알 수 있다.

판소리에서 북으로 연주되는 장단들이 주요한 대목을 차지한다. 손님노정기, 군웅노정기, 중굿, 뒷전으로 모두 산이들이 창자와 반주자로 짝을 지어 노래로 풀어나가는 절차들이다.

여러 굿거리에서 장단 구성방식이 같은 형태가 있다. 첫째는 산이가 부정·시루·제석거리 초입에 구송하는 앉은청배로 오늬섭채와 섭채모리의 구성이다. 둘째는 미지가 담당하는 절차들이다. 부정·제석·군웅거리는 부정놀이-섭채-섭채모리(-부정놀이)를 공유하는데, 모두 미지의 부채방울춤과 청배의 장단이다. 본장단 다음에 본장단을 점점 빠르게 연주하는 장단이 이어지는 것이다. 이후의 장단들은 굿거리의 목적과 기능에 따라 자진굿거리, 무장단, 올림채로 이어진다. 셋째는 꽹가리를 사용하는 세 가지 춤이다. 산이가 혼자 추는 터벌림, 산이+산이가 추는 깨낌, 산이+미지가 추는 쌍군웅의 짜임이 일치한다. 터벌림에서 겹마치기 전에 올림채를 연주하는 경우를 제외하고는 모두 같다.

각 굿거리에 해당하는 장단을 나열하고 다시 굿거리의 순서대로 모아놓음으로써, 장단의 종류와 배치현황과 함께 굿의 흐름도 파악할 수 있다.

3. 개별 장단

지금까지 진행된 분류를 바탕으로 경기도 남부 도당굿에서 사용되는 개별 장단들의 음악적인 면모를 살펴보고자 한다. 장단의 면모에 좀 더 쉽게 접근할 수 있도록 실제 연주 사례들을 정간보로 제시하였다.

장단은 하나의 형태로만 연주되기도 하지만 대다수의 장단은 여러 가지 형태로 나타난다. 내는형과 맺는형이 있으며, 기본형이라 불릴 만큼 자주 출현하는 장단형이 있는가 하면, 다양한 모습의 변주형도 있다. 내는형은 처음 연주되는 장단 형태, 기본형은 빈도수가 가장 많은 형태, 맺는형은 마무리를 하는 형태, 변주형은 이외의 모든 형태를 가리킨다.

오늬섭채

오늬섭채는 4박자로 각 박은 2소박이다. 섭채에서 5·6박을 뺀 4박자의 형태이다. 오늬섭채는 소박의 측면에서 내는형과 기본형이 다르게 나타난다. 오늬섭채는 섭채와 마찬가지로 한 박자가 2소박이지만, 내는형은 3소박이다. 내는형은 농악에서의 내드름과 같은 의미를 가진다. 내드름은 해당 장단 중에 가장 처음에 연주하며 기본형태와 속도 등을 제시하는 기능을 한다. 강세는 첫 박에 오며 비슷한 세기로 나머지 2~4박을 치는 것이 일반적이다.

장구는 변주가 많지 않고 징은 기본박을 유지한다. 오늬섭채는 별도의 반주자가 없이 직접 장구를 치면서 노래를 부르기 때문에 변주가 제한적으로 이루어진다. 상대적으로 징은 장단에 대한 책임이 더 커져서 변주보다는 기본을 유지한다. 오늬섭채는 산이가 청배무가를 부를 때 사용하는 장단으로 미지가 굿을 하기에 앞서서 먼저 한다. 이 장단은 장구와 무가를 한 사람이 동시에 연주한다는 점이 특징이다.

〈정간보 - 오늬섭채〉

	1	2	3	2	2	3	3	2	3	4	2	3
내는형	덩		더	덩		더	덩	구	구	덩		따
	1		2	2		2	3		2	4		2
	덩			따			궁			따		따
	덩			따			따			따		따
	덩			따	구	궁	따	구	궁	따		따
	덩			따		궁				따	궁	따
징	징			징			짓			징		짓

부정놀이

부정놀이는 8박자이고 각 박은 2소박이다. 징은 2박자에 한 박을 타점으로 한다. 부정놀이 장단의 특징은 엇박으로 변주를 많이 한다는 점이다. 강세는 첫 박에 오며 연주자에 따라서는 징의 기본타점인 네 박자에 모두 강을 주기도 한다. 부정놀이는 미지의 부채방울춤에 주로 쓰인다.

〈정간보 - 부정놀이〉

	1	2	2	2	3	2	4	2	5	2	6	2	7	2	8	2
내는형	덩		궁		덩		궁		덩		궁		덩		따	
	덩		따		궁	따			따	구	궁		궁		따	
	덩		궁	따	따	닥			따	구	궁		궁		따	
	덩		궁	따	뜨라		닥		뜨라		닥	따	따 궁	궁	따	따

	궁	따		궁	궁		따	궁		따	구	궁		따
	덩		따	궁		따	궁		따	궁		따	궁		따
징	징			징			징					징			
	징	징				징				징		징			

섭채(도살풀이)

섭채(도살풀이)는 6박자이고 각 박은 2소박이다. 1~4박은 변주를 많이 하지만 5·6박은 거의 기본형을 연주한다. 이는 무가 사설의 배자 방식과 관계된다. 사설이 주로 1~4박에 배치되는데 기인한다. 강세는 첫 박에 오며 3박에 오기도 한다. 섭채는 굿거리 앞의 과정에서 미지가 신을 청배할 때에 부르는 무가에 주로 나타나며, 굿거리에 따라 뒤의 절차에서 무가를 부를 때도 사용된다.

<정간보 - 섭채(도살풀이)>

	1	2	2	2	3	2	4	2	5	2	6	2
내는형	덩	덩	러 더	덩	떡		덩	따	궁	따	궁뜨라	닥
	덩		딱		궁		따	따	궁	따 구	궁뜨라	닥
	덩		따	따	궁		따	따다	궁	따 구	궁뜨라	닥
	덩		따		따 다	닥	따		궁	따 구	궁뜨라	닥
	덩		따		따 다	닥	따	따	따 다	닥	따	따뜨라
	덩		따		궁		궁 구	궁 구	궁	따 구	궁뜨라	닥
	덩		따 구	궁	궁		궁 구	궁 구	궁	따 구	궁뜨라	닥
징	징		집	집	징		집	집	징		징	
	징		집	징		집	징		징		징	
	징		징	집	징		징	집	징		징	집

경과구[3]

섭채에서 섭채모리로 변화하는 과정의 장단들이다. 섭채에 부수되는 장단이 된다. 박자를 구성하는 소박이 서로 다르므로 둘을 연결하는 과정에서 생기는 차이를 보완하기 위한 장치라고 할 수 있다. 이와 같은 기능을 하는 장단이 넘김채이다. 둘은 기능 면에서 서로 같지만, 장단의 구성 규모에서 서로 차이가 난다. 넘김채는 단일한 하나 또는 두 개이지만, 경과구는 여러 개의 장단으로 이루어진다.

〈(섭채)경과구〉

박자	1	2	2	2	3	2	4	2	5	2	6	2
	덩		따	따	궁	따	따		궁	따	궁	따
	징		집	집	징		집	집	징		징	
	1	2	3	2	2	3	3	2	3	4	2	3
	덩		따	따	궁	따	따		궁	따	궁	따
	덩		따	따	궁	따	따	구	궁	따	궁	따
	따	궁	따	따	궁	따	따	구	궁	따	궁	따
징	징		집	징		집	징		징		징	

섭채모리

섭채모리는 4박자이고 각 박은 3소박이다. 모리는 몰아간다는 의미를 지니는 말로 실제로 장단이 점점 빨라진다. 섭채에서 발뼈드래 빠르기까지로 변화되는 가속의 방식이다. 강세는 첫 박에 온다. 징은

---

3 임수정, 『한국의 무속장단』, 민속원, 1999, 72~73쪽. '모리로 넘어가는 경과구'라고 하여 섭채에서 모리로 자연스럽게 넘어갈 수 있는 방식의 장단들을 경과구로 구분하였다.

3소박과 2소박을 혼합한 구성형태라는 점이 특이하다. 1·2박자는 3소박으로 3·4박자는 2소박으로 연주한다. 섭채모리는 섭채나 오늬섭채에 이어지는 장단으로 두 경우가 같다. 다만 오늬섭채의 경우는 장구와 노래를 한 사람이 동시에 한다는 점이 섭채의 연행방식과 다르다. 미지나 산이의 청배무가에 사용된다.

〈정간보 - 섭채모리〉

	1	2	3	2	2	3	3	2	3	4	2	3
	따	궁	따	따	궁	따	따	궁	따	따	궁	따
	따	구	궁	따	따	구	궁	따	따	구	궁	따
	따	구	궁 드 라		따	구	궁 드 라		따	구	궁 드 라	
	덩		따	따	구	궁 드 라		따	구	궁 드 라		
	덩		따	덩		따	따	구	궁 드 라	따	구	궁 드 라
	따	구	궁 드 라	따	구	궁 드 라	따		궁	덩		덩
	따	구	궁 드 라	따	구	궁 드 라	따		궁	덩	따	따
	덩		따	덩		따	따		궁	덩		따	따
징	징		집	징		집	징			징		징

발뻐드래

발뻐드래는 4박자이고 각 박은 3소박이다. 열채로만 연주를 하며 변주의 경우에 궁채를 사용하기도 한다. 강세는 첫 박에 온다. 발뻐드래는 섭채모리와 마찬가지로 섭채나 오늬섭채에 이어지는 장단이라는 점이 같다. 미지나 산이의 청배무가에 사용된다.

<정간보 - 발뻐드래>

	1	2	3	2	2	3	3	2	3	4	2	3
	따	따	드라	따	따	드라	따	따	드라	따	따	드라
	덩		드라	따	따	드라	따	따	드라	따	따	드라
	덩		드라	덩		드라	따	따	드라	따	따	드라
	따	따	드라	따	따	드라	따	궁	덩	덩		
	따	따	드라	따	따	드라	따	궁	덩		따	따
	덩		따(드라)	덩		따(드라)	따	궁	덩		따	따
징	징			징			징			징		
	징				지	징		지	징	징		
	징		징		징			지	징	징		
	징		징		지	지		징		징		

자진굿거리

자진굿거리는 4박자이고 각 박은 3소박이다. 반주대상이나 절차의 흐름에 따라 다양한 변주를 한다. 강세는 첫 박에 오지만, 연주자에 따라서 모든 박자에 강세를 주기도 한다. 자진굿거리는 대부분 장구와 징이 짝을 이루어 연주하지만, 장구만 연주하기도 한다. 이때는 좀 더 빠른 속도이다. 자진굿거리는 굿거리 중간이나 뒤 대목에서 춤에 쓰이는 장단이며 노래를 동반하기도 한다.

<정간보 - 자진굿거리>

	1	2	3	2	2	3	3	2	3	4	2	3
내는	덩			더	덩		더	덩		더	덩	따 구
	덩	드라	구	궁	따	구	덩	드라	구	궁	따	구
	덩	드라	구	궁	따	구	덩	따 드라	구	궁	따	구
	더	궁		더	궁		더	궁		더	궁	

	덩	따	따	덩	드 라	구	궁	따	구
	덩	따	따	다	궁	드 라	구	따	구
	덩	따	따	궁		따	따	궁	
맺는	덩	궁	따	구	궁	떡		
징	징		징		징		징	
	징		지	징	지	징		징
	징	징	징	지	징		징	
	징	징	지	지		징		징

낙궁

낙궁은 8박자이고 각 박은 3소박이다. 장구는 2·4·6박을 연주하지 않고 비워둔다. 1·3·5박의 강세는 동일하다. 변주는 나타나지 않는다. 행진의 음악으로 사용된다.

〈정간보 - 낙궁〉

	1	2	3	2	2	3	3	2	3	4	2	3	5	2	3	6	2	3	7	2	3	8	2	3
	덩						덩						덩						다	르	다			
징	징						징						징											

타령

타령은 4박자이며 각 박은 3소박이다. 4박은 연주하지 않는 공박이다. 강세는 첫 박에 온다. 대부분 여러 악기의 합주이지만, 일부 굿거리에서는 장구만으로 춤을 반주한다. 무가를 부르기에 앞서 춤에 쓰일 때는 중타령 정도로 빠르지만, 음악으로만 연주하는 경우는 느리다.

<정간보 - 타령>

	1	2	3	2	2	3	3	2	3	4	2	3
내는	더	궁		따			덩		따	(궁)		
		덩		따			덩		따			
	더	궁		따			덩		따			
		덩		덩			덩		따			
	덩		따	궁	따	구	덩		따			
맺는	더	궁	따	궁	따	구	덩		떡			
징	징			짓			징			징		
		징		징			징		징			

취타

취타는 12박자이며 각 박은 3소박이다. 강세는 1·3·5·9박에 온다. 음악을 신에게 올리는 연주에서 사용된다.

<정간보 - 취타>

	1	2	3	4	5	6	7	8	9	10	11	12
장구	덩	다	덩	다	덩	더르	궁	궁	덩		더르	다
징	징		징		징		징	징	징			

반설음(터벌림)

반설음은 10박자이고 각 박은 3소박이다. 5박을 한 장단으로 인식하기도 한다. 강세는 첫 박에 온다. 반설음은 춤의 장단인데. 연행자의 구성이 다양해서 산이 혼자, 산이와 산이, 산이와 미지의 세 가지로 나타난다. 산이가 꽹가리를 들고 춤을 춘다는 점이 특징이다. 반설음장단도 섭채, 올림채, 진쇠와 같이 가속하는 모리장단이 있는데. 반설음과 모리의 형태는 같다.

⟨정간보 - 반설음(터벌림)⟩

박자	1	2	3	2	2	3	3	2	3	4	2	3	5	2	3	6	2	3	7	2	3	8	2	3	9	2	3	10	2	3
내는형	덩			덩			덩			따		따	다		따	구	궁	궁			따		따	궁		따	다			따
	덩			궁			따		따	궁		따		다		따	구	궁	궁			따		따	궁		따	다			따
	덩			궁			따		따	궁		따		다		따	구	궁	구	궁		따		따	궁		따	다			따
	덩			궁		따	다		따	궁		따		다		따	구	궁	구	궁		따		따	궁		따	다			따
	덩		드라	닥			따			궁		따		다		따	구	궁	궁			따		따	궁		따	다			따
	덩	드라	다	닥			따			궁		따		다		따	구	궁	궁			따		따	궁		따	다			따
	덩	드라	더	덩			덩		더	덩		드라	덩			덩			덩	드라		덩	더		궁			더	다		따
모리	덩			궁			따		따	궁		따		다		따	따	다		궁			덩		궁			더	다		따
맺음형	덩			궁		따	다		따	궁		따		다		따	구	궁	구	궁			따	궁			따	닥		
맺음형	덩	드라	더	덩			덩		더	덩		드라	덩			덩			덩	드라		덩	더		궁			따	닥		
징	징			징			징			징						징			징			징									
	징						징						징			징						징									
쇠	갱		개	갱			개	갱		개	갱		개			개	개	갱		개		갱		개	갱		개	갱			갱

올림채

올림채는 4박자이며 2소박과 3소박이 혼합된 혼소박이다. 3소박+2소박+2소박+3소박이 한 장단이다. 강세는 첫 박에 온다. 변주가 매우 다양하게 펼쳐지는데 궁채, 열채를 각각 사용하거나 혹은 둘을 합하여 여러 가지 형태의 장단을 만든다. 미지의 춤 반주에 사용되지만, 산이들의 터벌림춤에서도 나타나는 경우가 있다. 올림채도 섭채와 같이 모리장단이 이어진다.

〈정간보 - 올림채〉

	1	2	3	2	1	3	1	4	2	3
내는형	더궁		따	궁		덩		궁		따
	궁		따	궁		따	구	궁	따	따
	궁	따	따	궁	따	궁	따	궁	따	따
	궁	구	구	궁	구	궁	구	궁	구	구
	따	따	따	따	따	따	따	따	따	따
	덩	따	따	덩	따	덩	따	덩	따	따
	구 루 궁	궁	구 루	궁	구 루	궁	구 루	궁	궁
	뜨 라 닥		따	뜨 라	닥	뜨 라	닥	뜨 라	닥	
	궁	구 루 궁	궁	구 루	궁	구 루	궁	구 루	궁
	딱	뜨 라	닥	딱	뜨 라	딱	뜨 라	딱	뜨 라	닥
	더 러 덩	덩	더 러	덩	더 러	덩	더 러	덩	덩
	덩	더 러	덩	덩	더 러	덩	더 러	덩	더 러	덩
	더 러 덩	덩	덩	덩	궁		뜨 라	닥	따
	더 러 덩	덩	덩	덩	궁		따		따
	더 러 덩	덩	덩	덩	덩	덩	궁	따	따
	궁		따	궁		따	구	궁	따	따
	궁		따	궁		따		따 드 락		
	따 드 락	다	따 드 락		따		따 드 락	다
	따 드 락	다	따 드 락		따		따 드 락	다
	따 드 락	다	따 드 락	따 드 락		따 드 락	다
	따 드 락	다	따 드 락		따		따 드 락	다
	궁	따 드 락	궁		따	구	궁	따	따
	궁		따	궁		따	구	궁	따	따
	궁		따	궁		따		따 드 락		
	뜨 라	닥	다		뜨 라	닥	다			
	뜨 라	닥	다	뜨 라	닥	뜨 라	닥	다		
	구 루 궁	궁		구 루	궁	궁			
	구 루 궁	궁	구 루	궁	구 루	궁	궁		

	더러	덩			더러	덩			
	더러	덩	더러		더러	덩			
	더러	덩	더러		더러	덩			다
	더러	덩	더러		더러	덩	뜨라	닥	
	궁		따	궁		따	구궁	따	따
	더러	덩	덩	덩	덩	덩	뜨라	닥	다
	더러	덩	덩	덩	덩	덩	더러	덩	덩
	더러	덩	더러	덩	더러	덩	더러	덩	덩
	덩		다	덩	다	따	따	궁	따	따
	궁		따	궁		따	구궁	따	따
징	징			지	징		징		징	지

올림채모리

올림채모리는 4박자이고 2·3혼소박이다. 3소박+2소박+2소박+3소박의 구성으로 올림채장단과 같다. 섭채모리와 같이 가속의 방식으로 점점 빨라져서 겹마치기로 이어진다. 강세는 첫 박에 온다.

〈정간보 - 올림채모리〉

	1	2	3	2	1	3	1	4	2	3
	덩		따	궁		따	구궁	따	따
	궁		따	궁		따	구궁	따	따
	궁		따	궁		따	구궁	따	따
징	징		지	징		징		징		지

올림채넘김채

올림채모리에서 겹마치기로 장단을 넘겨주는 장단이다. 올림채 3+2+2+3소박의 틀에서 박과 박을 당기듯이 줄여서 마침내는 3+3소박의 겹마치기의 틀로 만든다.

〈정간보 - 올림채넘김채〉

1	2	3	2	1	3	1	4	2	3
	덩		더	덩		덩		덩	따
	덩		더	덩		덩		궁 기 닥	
징	징		지	징		징		징	지
	징		지	징		징		징 짓	

연결채

올림채넘김채와 겹마치기를 연결하는 장단이다.

〈정간보 - 연결채〉

1	2	3	2	2	3	3	2	3	4	2	3
	덩	덩	드르	덩	덕		덩	덩	드르	덩	덕
	덩	덩	드르	덩	덩	드르	덩	덩	드르	덩	덩
징	징	징		징	짓		징	징		징	짓
	징	징		징	징		징	징		징	징

겹마치기

겹마치기는 4박자이고 각 박은 3소박이다. 이 장단은 3소박을 기본으로 하지만, 2소박의 변주가 많다는 점이 특징이다. 강세는 첫 박에 오지만, 1형의 경우는 각 박자에 오기도 한다. 1형은 열채를 많이 사용하는 반면, 2형은 궁채와 열채를 고르게 사용한다.

겹마치기 2형은 연행자였던 모든 산이들이 겹마치기장단으로 사용하였지만, 1형의 경우는 서로 다르게 나타난다. 지영희는 1형을 올림채 장단에 포함하였고, 지갑성은 1형과 2형 모두 겹마치기라고 불렀다. 지영희는 겹마치기를 자진굿거리의 하나이고, 무용을 활발하게 돋워주는 장단이라 소개하였다. 두 가지 유형은 선행하는 장단에 따라 별도로 사용된다. 올림채에 이어지는 경우 1형만을 사용하고, 진쇠나 터벌림에 이어지는 경우는 2형 혹은 1형과 2형을 함께 사용한다. 2형은 자진굿거리의 변주로 쓰이기도 한다.

<겹마치기 1형>

	1	2	3	2	2	3	3	2	3	4	2	3
	뜨라	닥	따	뜨라	닥	따	뜨라	닥	따	뜨라	닥	따
	구	궁		뜨라	닥	따	구	궁		뜨라	닥	따
	궁	따	궁	뜨라	닥	따	구	궁		뜨라	닥	따
	궁	따	궁	뜨라	닥	따	궁	따	궁	뜨라	닥	따
	궁	뜨라	닥	따	궁	뜨라	닥	따	궁	뜨라	닥	따
	궁	뜨라	닥	궁	뜨라	닥	궁	뜨라	닥	궁	따	
맺는	따	따	궁		따		구	궁		떡		
맺는	따	따	궁		따	구부	덩			떡		
징	징			징			징			징		
	징			지	징		지	징		징		
	징		징		징		지	징		징		
	징		징		지	지		징		징		

<겹마치기 2형>[4]

	1			2			3		4	
	덩			덩			덩	따	닥	궁
	덩		궁		따	구	궁	따	닥	궁
	덩		따	따		궁	궁	따	따	궁
	따	따	궁		따	구	궁	따	닥	궁
징	징			징			징		징	
	징				지	징		지	징	
	징		징		징		지	징	징	

오늬굿거리[5]

오늬굿거리는 2박자이고 각 박은 3소박이다. 강세는 네 박에 고르게 온다. 특이한 변주는 없이 기본형으로 한다. 이 장단은 미지와 산이가 서로 주고받는 형식의 무가를 부를 때 쓰인다.

<정간보 - 오늬굿거리>

	1	2	3	2	2	3	3	2	3	4	2	3
	덩		따	덩	다다	다	(덩		따	덩	다다	다)
맺는							덩		따	궁	따	
징	징		징	징		징	징		징	징		

---

[4] 겹마치기 2형에 소개한 장단들은 각각 사용하는데, 이동안의 태평무에서는 네 장단을 하나의 가락으로 사용한다.

[5] 오늬는 화살의 머리를 시위에 끼도록 에어 낸 부분을 가리킨다. 화살 머리 가운데가 U나 V 형태이다. 오늬섭채는 4박으로 섭채 6박에 비하여 2박이 적고, 오늬굿거리는 2박으로 굿거리가 4박인데 비하여 2박이다. 적거나 반이다. 화살 머리를 반으로 나눈 것에서 인용하여 사용한 명칭일 가능성이 있다.

도드리

도드리는 6박자이며 각 박은 3소박이다. 강세는 첫 박에 오며 3박에 주로 변주를 한다. 미지의 춤에서 사용된다.

〈정간보 - 도드리〉

	1	2	3	4	5	6
	덩	궁	따	궁	다르르	궁
	덩	궁	따 따	궁	다르르	궁
징	징		징	징		징

당악

당악은 4박자이며 각 박은 2소박이다. 강세는 첫 박에 오며 미지가 춤을 출 때 연주한다.

〈정간보 - 당악〉

	1	2	2	2	3	2	4	2
	덩		덩		덩	따	궁	
	덩		궁		궁	따	궁	
	덩	따	궁		덩	따	궁	
	덩	따	궁 따	구	덩	따	궁	
맺는형	덩		덩		덩	덩		
징	징		징		징		징	
	징			징			징	
	지	징		징			징	
	징		징		징	징		

염불마리

염불마리는 8박자이고 각 박은 2소박이다. 강세는 첫 박에 온다. 형태와 빠르기가 부정놀이장단과 흡사하고 변주 없이 기본형만을 연주한다. 미지가 추는 춤의 반주 장단인 점과 절차의 첫머리에서 연주한다는 점은 부정놀이장단과 같지만, 사용하는 무구는 서로 다르다.

〈정간보 - 염불마리〉

	1	2	2	2	3	2	4	2
	덩	궁	따	궁	덩	더 기	덩	따
징	징		징		징	징	징	

가래조

가래조는 3박자이고 2·3 혼소박이다. 3소박+2소박+3소박 두 묶음이 한 장단이 된다. 강세는 첫 박에 온다. 앞의 세 박은 강하게 뒤의 세 박은 약하게 연주한다는 점이 특징이다.[6] 굿거리에 따라 연주의 방식이 다르게 나타난다. 무가와 장구의 연행자가 분리되어있는 방식과 분리되어있지 않는 방식의 두 가지이다. 앞은 미지와 산이가 교창하는 노랫가락이고, 뒤는 산이가 독창하는 앉은청배이다.

〈정간보 - 가래조〉

	1	2	3	2	2	3	2	3
	덩		따	궁		따		따
	궁		따	궁		따		따

---

6 이러한 연주는 민속악에서 일반적인 방식이며, 이를 대삼소삼이라고 한다.

	덩		더	덩		덩		따
	궁		따	궁		따		
	덩		더	덩		덩	구	궁
	덩	구	궁	덩	구	궁	드라	닥
징	징			징		징		
	징			징		징		
	징		지	징		징		지
	징		지	징		징		

타령굿거리

타령굿거리는 4박자이고 각 박은 3소박이다. 열채는 장구의 복판이 아닌 변죽을 친다는 점이 특징이다. 강세는 첫 박과 3박의 3소박에 온다. 굿거리 뒤의 과정에서 미지의 노래에 쓰인다.

1	2	3	**2**	2	3	**3**	2	3	**4**	2	3
덩			덩	궁	따	따	궁		따	궁	따궁

진쇠[7]

진쇠는 4박자이며 2소박과 3소박이 혼합된 혼소박이다. 3소박+2소박+2소박+3소박 세 묶음으로 구성된 장단이다. 10소박으로 구성된 하위단위의 장단이 3개가 모여서 하나의 장단이 되는 것이다. 강세는

---

[7] 진쇠는 여러 증언 및 연주 자료를 통하여 그 존재가 확인되지만, 정작 굿에서 연행된 자료는 없다. 진쇠에 관한 자세한 내용은 이 책의 부록 '진쇠 장단, 춤, 굿거리 절차'에 소개되어 있다.

각 하위단위 장단의 첫 박에 온다. 별다른 변주는 하지 않고 거의 같은 장단을 유지한다. 모리, 넘김채, 연결채는 올림채와 같다. 이 장단은 춤에 쓰이는데 굿거리의 어느 절차인지는 분명치 않다.

〈정간보 - 진쇠〉

	1	2	3	2	1	3	1	4	2	3
기본	덩	더러	덩	덩		더러	덩	덩	드라	닥
	궁		따	따		따		따		따
	궁		따	궁		따	구	궁	따	따
맺음	궁		따	궁		따	구	궁	떡	
	징	징		지	징		징		징	지

4. 유형별 장단

경기도 도당굿에서 장단이 단독으로 연주되는 사례는 없다. 춤, 노래, 선율악기와 합주 등 다른 연행 요소 함께 작동한다. 다른 요소와 결합하여 절차를 만들 때 하나의 장단만을 사용하기도 하지만, 여러 개의 장단이 필요하여 연결한 형태로 나타난다. 또는 여러 절차가 관용적으로 마치 하나의 절차처럼 나타나기도 한다.

제석거리에서 바라춤의 경우에 앞은 공수이고 뒤는 당공수이다. 둘은 정형화된 장단을 사용하지 않는다. 바라춤에는 염불마리라는 장단 하나만을 사용한다. 물론 노정기나 뒷전 등에 나오는 많은 노래도 대부분 각각 독립적으로 부르기 때문에 여러 장단이 연결되지 않는다. 이에 비하여 특정한 무가와 춤은 본장단에 다른 장단들이 이어진다. 또한 무가의 전후에 춤이 동반되므로 그에 맞는 장단들이 나타난다.

이러한 방식은 거의 고정적이라는 점에서 유형이라고 규정할 수 있다. 하나의 절차에 여러 장단이 관용적으로 이어지는 경우와 여러 절차가 관용적으로 이어지는 경우가 있다. 앞은 청배무가, 터벌림춤, 깨낌춤, 쌍군웅, 방수밟이, 진쇠춤이고, 뒤는 미지의 청신절차이다.

(1) 청배무가형[8]

청배무가는 굿거리 초입에서 신을 청하기 위한 절차이며 노래라는 요소로 표현한다. 청배무가는 산이의 앉은청배와 미지의 선청배가 있다. 산이는 앉아서 장구를 직접 치며 노래를 부르고, 미지는 서서 부채방울을 들고 때때로 춤을 춰가며 노래한다.

  산이 : 오늬섭채-모리-발뻐드래
  미지 :   섭채-모리-발뻐드래

섭채와 오늬섭채라는 차이 외에는 장단 구성이 서로 같다. 산이의 부정, 시루, 제석거리의 앉은청배와 미지의 부정, 제석, 군웅청배가 그 사례이다. 다만, 현재 굿 현장에서는 섭채나 오늬섭채라는 본장단 혹은 모리까지만 연주하여 모리 혹은 모리와 발뻐드래로 거의 이어지지 않는다는 문제가 있다. 하지만, 본래는 위와 같은 형태였으나 전승 과정에서 축소되었을 가능성이 있다는 점에서 유형으로 제시한다.

오늬섭채와 섭채는 2소박이고, 모리와 발뻐드래는 3소박이다. 소박이 서로 다르므로 2소박에서 3소박으로 바뀌는 과정에서 경과구를

---

8 장단의 유형분류와 명칭부여는 필자가 임의로 작성한 결과이다.

사용하기도 한다. 모리와 발뻐드래는 소박의 수가 같지만, 빠르기가 다르다. 발뻐드래는 일정하지만, 모리는 점점 빨라지는 방식이다.

(2) 쇠춤형

쇠를 들고 추는 춤은 터벌림춤, 깨낌춤, 쌍군웅춤이며 반주 장단은 반설음이다. 혼자 추는 경우 춤꾼이 쇠를 들고, 둘이 출 때도 한 명은 쇠를 들기 때문에 쇠춤형이라 명명하였다. 연행자의 구성과 쇠 이외에 추가되는 무구가 다르다는 점이 있지만, 장단의 구성은 모두 같다.

반설음-모리-넘김채-겹마치기-자진굿거리

일정한 빠르기를 유지한 채 연주되던 3소박 10박의 반설음 장단은 그 틀 그대로 속도만 점점 빨라진다. 원하는 빠르기에 이르면 박자의 틀을 바꾸어 나간다. 겹마치기는 3소박×4박을 기본으로 하면서도 2소박을 자주 사용하고, 궁채와 열채를 여러 가지로 배치하는 기법을 통하여 이전과는 다르게 활발한 분위기를 만든다. 자진굿거리는 대부분 3소박으로 나타나므로 안정적이면서도, 일정한 박자의 진행을 바탕에서 다양한 춤사위를 펼칠 수 있는 조건으로 작용한다.

(3) 올림춤형

군웅거리에서 미지가 굿상을 사방으로 돌며 전물 등을 놀리는 춤이 올림춤형이다. 앞은 부채방울 및 철륙자락을 무구로 삼아 춤추며 돌고 소머리 등의 전물을 들고 놀리며 굿상을 돈다. 무구와 전물 모두 각각 1바퀴씩 도는데, 이때 장단을 달리한다. 이어서 징을 치며 상을 도는 의식은 천근의 처음 절차이므로 신에게 고하여 청하는 의미로 볼 수 있어서, 앞과는 다르지만, 장단의 구성이 같으므로 같은 유형으로 분류한다.

  장단 : 부정놀이-올림채·모리·넘김채·연결채-겹마치기
  올림 : 부채방울   철륙자락   전물
  천근 :   징

춤과 전물을 올리는 방수밟이에서는 각각의 무구나 전물로 한 바퀴를 돌기 때문에 연주 시간이 길며, 각 방위에서 맺음 장단을 사용한다. 천근의 방수밟이에서는 징 하나이므로 한 바퀴만을 돈다. 따라서 장단도 방위마다 달라지므로 올림에 비해 연주 시간도 짧다.

(4) 진쇠춤형

진쇠춤은 산이가 추는 춤이지만, 쇠를 사용하지 않고 복색은 미지와 같이 붉은철륙을 입는다는 점에서 복합적인 면모를 지닌다고 볼 수 있다. 진쇠춤은 춤을 신에게 올린다는 의미에서 올림춤에 포함할 수 있다고 생각된다. 하지만, 장단의 종류와 구성이 다르므로 별도로 둔다.

  (부정놀이)-진쇠-모리-넘김채-겹마치기-자진굿거리

사례에 따라 부정놀이가 포함되거나 그렇지 않다.[9] 복색으로 보면 미지의 방수밟이와 닮아있지만, 부정놀이가 없는 경우와 자진굿거리가 있다는 점에서 차이가 난다. 한편으로는 부정놀이를 제외하면 쇠춤형과 같다.

유형별로 살펴본 결과 섭채·오늬섭채, 반설음·올림채·진쇠 등을 본장단이라고 했을 때, 모두 본장단을 점점 빠르게 몰아가는 장단이 이어진다는 공통점을 지닌다. 또한 자진모리 계통인 발뻐드래, 겹마치기, 겹마치기와 자진굿거리가 각각 결합한다는 점도 눈에 띈다. 결국 본장단-모리장단-자진모리 계통의 장단이라는 형태로 구성되어 있다.

(5) 청신형

이상의 사례는 절차라는 층위에 해당된다. 절차들이 모여 만들어지는 굿거리에서도 유형을 찾을 수 있다. 굿에서 중요한 의식은 신을 청하여 굿을 의뢰한 사람들이 모여서 굿을 벌이는 굿청으로 모시기이다. 그 이후에 여러 가지 절차들이 이어진다. 신을 청하기 위한 절차가 관용적으로 나타나므로 유형으로 제시한다.

부채방울춤-청배무가-부정놀이춤-굿거리에 따른 절차
부정놀이-   섭채-   부정놀이- 자진굿거리/올림채

청배무가를 부르기 전에 부채방울춤을 추고, 무가를 마치고 다시 부채방울춤을 춘다. 앞의 춤은 청배 절차를 위한 것이고, 뒤의 춤은 이어지는 절차를 위한 것이 된다. 겉모습과 기능은 같지만, 그 대상

---

9 자세한 내용은 진쇠 연구에 서술되어 있다.

은 다르다고 할 수 있다.

 이 유형을 통하여 경기도도당굿 굿거리 절차 구성방식을 알 수 있다. 청신 절차가 굿거리의 서두가 되고, 청배무가나 의식절차에 앞서 부채방울춤을 춘다는 점이다. 청배무가에 해당되는 방식은 경기도도당굿 혹은 남부지역의 독자적인 면모는 아니고, 전국적으로 보편적이다. 서울굿의 경우 청신무가인 만수받이에 앞서 쓰개를 손에 들고 굿거리장단에 춤을 춘다. 동해안 지역에서도 푸너리장단에 춤을 한판 춘 뒤에 무가를 구송한다.

 아울러 청신 다음의 절차들에 앞서 부정놀이장단에 부채방울춤을 추는데, 이는 경기도도당굿 만의 독자적인 방식이라고 할 수 있다. 이는 장단의 명칭에서 단서를 찾을 수 있다. 부정과 놀이이다. 부정은 깨끗하게 맑히는 것이고, 놀이는 놀려서 즐겁게 해준다는 의미로 해석할 수 있다. 신을 부르기 전에 오실 곳을 깨끗하게 하고, 즐거운 마음이 들도록 하는 춤으로 청배무가뿐 아니라 이후의 절차에도 모두 적용된다고 볼 수 있다.

IV
경기도 도당굿의 무가

1. 무가의 개요

무가는 굿의 이유와 내용을 직접적으로 보여주는 요소이다. 춤과 음악 등 다른 행위는 상징적인 부분이 많아서 무엇을 하는지 구체적으로 알 수 없을 수 있다. 무가는 사람들의 주요 소통 방식인 말이 주가 되고 선율과 박자가 더하여진 형태이므로 별다른 해석이 없이도 연행의 의미를 알 수 있다.

경기도 도당굿에는 일반적인 노래의 방식 외에 말과 창조가 나타난다. 무가는 노래에 한정되지만, 범주를 넓혀 장단이라는 틀에서 벗어난 말과 창조도 포함하고자 한다.

경기도 도당굿의 무가는 다른 무속 권역과 같이 청신, 부정풀이, 축원, 수비풀이 등의 종류가 있다. 한편으로 산이가 주체가 되는 무가가 있다는 점은 독자적인 면모이다. 청배무가의 경우 산이와 미지가 겹으로 구송하는데, 대부분 지역에서 청신무가는 무당의 영역이다.

무가는 도살풀이와 같이 지역 고유한 장단이 쓰이기도 하지만, 판소리에서 사용하는 장단들도 많이 나타난다. 무가 구송의 주체는 미지나 산이가 각각 혼자이기도 하지만, 둘이 짝을 이루기도 한다. 사설의 내용이 서사적인 종류도 있지만, 주로 교술적이다.

굿거리별 무가의 현황을 먼저 정리하고 개별적으로 살펴본 뒤에 무가의 특징을 살펴보고자 한다.

2. 굿거리별 무가

각 굿거리에 포함된 무가들을 절차 순서에 따라 나열하였다. 굿거리 간에 어떤 공통점과 차이점이 있는지 개괄적으로 살펴보도록 한다.

〈굿거리별 무가〉

굿거리	무가
당주굿	부정청배, 축원, 수비풀이
거리부정	부정물림, 수비풀이
부정굿	앉은부정청배, 선부정청배, 부정물림, 수비풀이
도당모셔오기	강신축원
돌돌이	고사덕담
시루굿	앉은시루청배, 시루축원
제석굿	앉은제석청배, 선제석청배, 당공수, 만수받이, 천태산, 거리노래가락
손굿	손님노정기(들어온다 등)
군웅굿	앉은군웅청배, 선군웅청배, 천근, 복잔축원, 활놀음, 군웅노정기
도당모셔다드리기	강신축원
중굿	중타령 등
뒷전	날몰라타령 등

당주굿은 경기 북부 혹은 서울굿의 무당들이 주도하여 경기도 남부 도당굿의 무가와는 장단과 선율 등의 연행 면모가 다르다. 형식은 다르지만, 어떤 무가가 연행되었을지 추정을 위한 참고자료로 제시하고자 한다.

청배가 가장 많이 보인다. 부정굿, 시루굿, 제석굿, 군웅굿에는 청배가 있다. 모두 앉은청배가 첫 번째 절차이고, 시루굿을 제외하고는 선청배가 이어진다. 앉은청배와 선청배를 갖춘 굿거리는 그 이후에도 다양한 무가가 이어진다. 서로 공통되지 않고 굿거리마다 전혀 다른 무가들임을 알 수 있다.

반면에 거리부정, 도당모시기, 돌돌이, 시루굿은 부정물림이나 축원 등 종류가 한정적이다. 굿거리의 목적에 부합되는 무가만이 나타난다. 거리부정의 부정물림, 도당모시기에서 도당신이 강림하기를 기원하는 축원, 안녕을 기원하는 고사 덕담과 시루 비손 축원 등 핵심 내용만을 담고 있음을 알 수 있다.

손님노정기, 군웅노정기, 중굿, 뒷전은 여러 가지 장단과 다양한 내용의 사설로 만들어진 많은 종류의 무가들로 이루어져 있다. 굿거리를 이루는 절차 구성의 다양성을 보여준다.

3. 개별 무가

무가의 종류가 다양하여 몇 가지 기준으로 분류하여 서술하고자 한다. 굿거리의 처음 절차인 청배, 풀이와 축원, 절차가 많아 그에 따른 무가가 이어지는 제석굿과 군웅굿 무가, 여러 내용이 담긴 무가가 모여서 이루어진 노정기와 중굿과 뒷전의 무가로 묶어서 다룬다.

청배

산이의 앉은청배와 미지의 선청배로 짝을 지어 연행된다. 산이는 앉아서 청배하고 미지는 서서 무가를 부르는 형태이다. 부정·제석·군웅굿은 짝을 이루고, 시루굿은 산이의 앉은청배만 있고 미지의 선청배는 없다.

앉은청배는 연행자인 산이가 직접 장구를 치며 부르는데, 장단의 구성은 두 가지로 나타난다. 부정·시루·제석청배는 오늬굿거리-모리-발뻐드래이고, 군웅청배는 가래조-자진굿거리이다. 청배무가에는 선율악기가 동반된다. 오늬굿거리 무가는 구송자의 노래를 따라 반주하는데, 노래의 청에 맞추어 시나위를 연주한다. 가래조는 노래와 별도로 전주와 간주를 연주한다. 전주와 간주곡은 같다. 또 다른 산이가 앉아서 징을 치는데 일정한 박자를 유지하는 역할을 한다.

연행이 앉아서 이루어지기 때문에 춤이나 다른 의식행위는 나타나지 않는다. 복색은 두루마기나 마고자 등으로 이는 신복이 아닌 평복에 해당한다. 신에 관한 이야기이지만 신복을 입지 않는 면모를 갖는다.

무가의 사설을 현장에서는 마달이라고 부르는데, 단순히 신들의 명칭을 호명하는 것이 아니라 신의 내력을 그 내용으로 한다.[1]

〈부정청배〉
세상 창조: 삼의삼천수요 스물여덟 땅을 마련 / 첫 번 치국을 잡는 구나

---

[1] 변진섭, 「이용우의 앉은청배 연행 양상」, 『한국무속학』 48, 한국무속학회, 2024, 255~257쪽.

굿의 내력: ○씨녘에 대한가중 이 정성 드리랴고
해당 신격: 오시는 임신네는 초가망 초두부정
수비 풀이: 하청은 열여덟 수비

부정청배는 크게 네 개의 대목으로 확인된다. 하늘과 땅, 산천초목, 국가 등 세상이 만들어진 내력이 처음 대목으로 나온다. 이러한 내용의 무가를 경기도 오산이나 서울에서는 지두서(指頭書)라고 칭하며, 무가의 첫머리에 공식처럼 등장한다.[2] 다음은 굿이 열리는 장소 및 의뢰인에 대한 소개와 정성을 올리기 위해 준비하는 과정을 묘사한다. 이어서 굿거리의 주신인 부정이 등장한다. 마지막은 잡귀잡신인 수비를 풀어먹이는 대목이다. 해당 굿거리와 직접 관련된 내용은 세 번째 대목이라고 할 수 있다.

〈시루청배〉
해당 신격: 동두칠성 남두칠성 / 천하궁땅 칠성님 지하궁에 내려
와서
나라 마련: 해동 조선국에 광해일품 광주이품
굿의 내력: ○씨녘 기주님이 이 정성 드르랴고
수비 풀이: 왼갖 수비를 ○○할제

시루청배도 네 대목으로 이루어져 있다. 천하궁의 칠성님이 지하궁에 내려와 매화부인을 만나 선문이와 후문이가 탄생하며, 이 둘이 대한국과 소한국을 각각 마련하는 이야기가 처음 대목이다. 무가의

---

[2] 김형근, 「지두서(指頭書) 유형 무가의 비교 연구」, 『민속학연구』 33, 국립민속박물관, 2013, 149쪽.

대부분을 차지하는 긴 서사를 마치고 나면 조선이라는 나라의 조직을 열거하고, 굿의 의뢰인과 준비과정을 짤막하게 구송한 뒤, 마지막에 수비를 푼다. 칠성님과 매화부인으로부터 선문이와 후문이로 나타나는 신의 내력담이 주요한 내용이다.

〈제석청배〉
대함제석 소함제석
제석님 본일러니 게 어디 본일러냐
다섯 살에 모선망에 여섯 살에 부선망에
그때 당금애기로 구나 / 제석뜰 내려가니

제석청배는 제석신격들의 열거, 제석의 근본, 탄생과 고난, 원조자의 도움, 당금애기와의 만남이라는 제석신의 내력이 주요한 내용이다. 제석무가는 전국적인 분포를 보이는 보편적인 무가라고 할 수 있다.[3] 1930년대 조사 자료인 『조선무속의 연구』[4]의 「데석(帝釋)」 무가 등의 자료에서는 당금애기와의 만남으로 대함제석과 소함제석이 탄생하게 된다. 하지만, 위의 무가는 둘이 만난 이후의 이야기가 나타나지 않는다.

〈군웅청배〉
세상 창조: 대월은 서른 날이요 / 하날은 언제나며
굿의 내력: ○○동네에 ○씨네 대한가중에 이 신사 드리려고

---

3 서대석, 『한국무가(韓國巫歌)의 연구(研究)』, 문학사상사, 1980, 20쪽.
4 赤松智城·秋葉隆, 『朝鮮巫俗の研究』, 심우성 역, 『조선무속의 연구』 상, 동문선, 1991. 기록된 무가는 이용우의 숙부인 이종만이 제보하였다.

전체 신격: 초가망 초두부정 / 군웅님 오실 적에 / 걸립이 오실 적에
수비 풀이: 좌중강 여수비

군웅청배는 지두서로 불리는 세상 창조, 굿이 개최되는 마을 및 가정과 준비과정이 차례대로 배치된다. 이어지는 신격 청배 대목이 주목된다. 굿거리의 순서대로 전체 신격을 청한다. 군웅신 앞에 등장하는 신격, 군웅신, 이후 신격들의 역할 등을 간략히 밝힌다. 군웅신은 군웅청배의 주신이므로 군웅의 치례, 군웅의 등장, 군웅신을 위한 전물상, 의식 행위 등이 자세하고 길게 이어진다.

사설은 장단과 결합하여 노래의 틀을 형성한다. 장단 속의 박자에 사설의 음절들이 배치되는데, 사설은 장단과 만나면서 여러 가지 모양으로 표현된다. 장단은 박이나 박자들이 서로 다른 시간의 길이로 배치된 결과의 형태이다. 그 박들을 장구의 열채 및 궁채, 피리의 음, 노래의 사설이 점을 찍듯이 채워나가게 된다. 한 점에서 여러 요소가 같이 만날 수도 있고, 때로는 어느 하나만이 그 자리에 있을 수도 있고, 비어있을 수도 있다. 어느 박에 위치하느냐에 따라 서로 다른 모양이 된다.[5]

〈정간보 - 부정청배 사설 배치〉

	덩		따		궁		따	따
1			집	터	잡으		시	니
2	삼	의			삼	천	수요	
3	스물	여	덟		땅	을	마련	
4	천	야	반	야	이룬	후	에	
5			차	차	나려			

---

5 변진섭, 앞의 논문, 262~264쪽.

오늬섭채 한 장단이 4박자이다. 비어있는 박자들이 눈에 띈다. 1박, 2박, 4박이 보인다. 그동안 호흡을 한다. 먼저 숨을 쉬거나, 일단 먼저 사설을 배치하고 나서 한 박자를 쉰다. 또는 사설을 모두 처리한 뒤 마지막 박을 쉬면서 다음 장단을 준비하는 사례도 있다. 5번처럼 박자의 하위단위인 소박 하나만을 쉬기도 한다. 1박자와 그 절반에 해당하는 길이를 지닌 1소박의 차이는 어떠할까? 길면 호흡에 여유가 생기며 편안할 것이고, 짧으면 호흡의 길이도 비례하여 급해질 것이므로, 이를 음악적으로 활용할 수 있다.

정간보에 제시된 사례들만 보면, 1장단에 4음절에서 8음절까지 배치되는 것으로 확인된다. 1소박에 1음절인 경우가 다수이지만, 2음절인 경우도 1장단 속에 1~2회 나타난다. 음절이 붙거나 사이를 두는 방식을 통하여 긴장감을 조절할 수 있다. 2음절을 배치하고 비는 공간을 확보함으로써 호흡할 수 있는 공간인 숨구멍을 만들어내며, 한정된 칸 안에 주어진 사설들을 배치할 수 있게 된다.

〈정간보 - 군웅청배 사설 배치〉

	덩		덩	덩		궁		따		궁	
1			대	월	은	서른		날		이	요
2		금	하	금	년 은	열	두	달		이	라
3			삼	백	은	예		순		날이	요
4				곤	룬 산	제	일	봉		은	

3·2·3·2소박으로 이루어진 가래조는 첫 박자의 1과 2소박을 비워두거나 채우는 두 가지의 형태가 주로 나타난다. 1장단에 들어가는 사설은, 제시한 사례로 한정하면 7~10음절로 나타난다. 2번은 10음절이다. 소박과 음절의 수가 같다. 1소박에 2음절을 배치하여 숨구멍

을 마련하였다. 4번은 7음절이다. 1소박에 1음절씩을 배치하고도 첫 박의 2소박과 마지막 1소박이 공박이다. 호흡은 여유롭고 진행은 평이하다. 가래조의 경우 사설을 배치하는 방식이 오늬섭채에 비하여 어느 정도 한정되는 것으로 파악된다.

오늬섭채 모리와 자진굿거리는 빠르기의 차이는 있지만, 구성되는 박의 형태는 물론 사설의 내용도 같다.

〈정간보 - 오늬섭채 모리와 자진굿거리〉

	1	2	3	2	2	3	3	2	3	4	2	3
오늬섭채 모리	상	청	은	서	른		여		덟			
자진굿거리			상	청	은		서	른		여	덟	

모두 1소박에 1음절을 배치하는 방식이다. 두 장단의 사설 배치는 수비풀이무가라는 전체에서 보면 상당 부분이 정형성에서 벗어난다. 제시한 사례처럼 박자를 맞추기도 하지만, 한 배의 길이를 일정한 간격으로 분절하는 장단과는 무관하게 아무런 박자의 형태 없이 가창자 임의대로 길이를 만들어가는 방식을 많이 사용한다.

선청배는 미지가 서서 부채방울을 들고 가끔 춤을 추면서 구송한다. 부정·제석·군웅청배가 있고, 시루굿은 선청배가 없다. 장단은 섭채-모리-발뻐드래 순서[6]로 세 가지 청배가 모두 같다. 선청배는 구송자가 장구를 연주하지 않는다. 복색은 굿거리와 같으므로, 부정에서는 치마저고리이고 제석에서는 흰장삼과 고깔이고 군웅은 빗갓에 홍철륙

---

[6] 세 가지 장단의 구성은 몇 가지 자료를 통하여 추정한 결과로 거의 이론에 머무른다고 볼 수 있다. 실제 연행은 섭채 또는 모리까지만 이어지기 때문이다.

이다.

선청배의 사설은 앉은청배와 대동소이하다. 한편, 연행 방식은 다소 차이가 있다. 미지가 부채와 방울을 들고 서면 장구를 치는 산이가 장단을 낸다. 미지가 노래를 부르기 시작하면 산이가 피리 등의 선율악기로 노래의 청을 맞추어 시나위를 연주한다. 반주하는 산이는 앞의 절차처럼 앉아서 하지만 미지는 서서 연행을 하므로 노래 이외의 부수적인 요소가 가능하다. 그 요소는 춤으로 마달을 쉬는 사이에서나 혹은 노래를 부르며 동시에 춘다.

〈정간보 - 섭채 사설 배치〉

덩	덩	러 더 덩	떡		덩	따	궁	따	궁뜨라	닥
공	심	은	제 례	주	요					
제 례	남	산	본 이	로	구	나				
허	공	천	비	비	천	삼 하		는	도 리	천

섭채는 1~4박에 사설을 배치하고 5~6박을 비워두는 형태와 모든 박을 채우는 형태로 구송한다. 단순히 사설을 채우고 안 채우냐의 문제가 아니라, 구송을 2소박으로 하느냐 3소박으로 하느냐로 달라진다. 1과 2열은 앞의 형태인데, 2박 2소박과 4박 2소박을 비우는 형태로 사설을 배치함으로써 2소박 2박으로 나뉜다. 반면, 3열은 뒤의 형태인데, 사설이 3소박씩 배치되어 결국 3소박 4박의 구성이 된다. 주로 앞의 형태로 구송하며, 뒤의 형태는 앞 형태가 3~4장단 나온 뒤에 1장단 등장하는 정도이다.

청배는 시루굿을 제외하고 부정·제석·군웅 굿거리에서는 산이와 미지가 겹으로 하는 형국이다. 사설의 내용은 거의 같고, 장단의 종류는 다르지만, 빨라져서 다른 장단으로 변화되는 형태는 같다. 한편, 앉은청배는 청배라는 하나의 절차로 완결되는 독자성을 지니지만, 선청배는 앞에서 부정놀이춤을 먼저 하고 뒤로는 여러 가지 의식 행위들이 이어져 다른 절차들에 종속됨으로써 독자성을 갖지 않는다. 단일한 굿거리에서 함께 나타나는 절차들로 의미와 기능은 같고 연행 방식은 다른 형태를 지닌 유형의 겹굿이다.

풀이와 축원

풀이와 축원은 굿의 주요한 요소이다. 굿거리 중의 한 절차 혹은 절차 속의 한 대목으로 풀이나 축원이 포함된다. 예를 들어 수비풀이는 부정굿 등 거의 모든 굿거리의 마지막 절차, 혹은 고사덕담과 같은 단일한 무가의 경우 사설 끝 대목에서 나타난다. 축원은 굿거리나 절차의 중간 등 곳곳에서 등장한다. 이러한 풀이와 축원이 굿거리의 주요한 부분을 차지하거나, 아예 전체인 경우도 있다. 거리부정이나 부정굿의 부정물림과 수비풀이, 돌돌이 고사의 축원덕담, 도당모시기의 강신축원, 시루굿의 시루축원이 그 사례이다.

부정물림은 부정풀이라고도 한다. 자진굿거리장단에 구송하는데, 무가 외에 부정을 풀어내거나 물려내기 위해 부정물을 뿌리거나 소지 등의 행위를 동시에 한다. 사설을 장단에 맞추기도 하지만, 박자를 유지하면서도 배자는 틀에 얽매이지 않기도 한다.

다음은 부정굿 사설의 일부이다.[7]

손으로다 만진 부정 가중마다 들던 부정 ~~~ 모든 부정을 다 물리

---

[7] 2008년 수원 고색동도당굿의 사설이다.

치고 맑은(물) 잿물로 물려내자

　초부정엔 초가망이요 모든 부정을 물려내고 ~~~ 열두임신네 청배하니 열두석 –을 먹고 ○○○○ 지접이 편안하게 물려내고 가시자

　수비풀이는 청배무가 등의 끄트머리나 굿거리의 마지막 절차에 위치한다. 잡귀잡신 중에서도 가장 하위의 신격이 수비이다. 부정상의 전물을 조금씩 담아 풀어먹이듯이 던지고 뿌리면서 무가를 부정풀이와 같은 방식으로 구송한다.

　상청은 서른여덟 수비로구나 중청은 스물여덟 하청은 열여덟 좌중강 남수비 우중강 여수비요 억울하게 간 영산수비들 많이 먹고 물러가고[8]

　고사 축원덕담은 돌돌이 도중에 마을 곳곳에서 간단하게 고사를 지낼 때 구송하는 무가이다. 산이가 목검을 들고 자진굿거리장단에 사설을 얹어서 부른다. 사설은 천지 조판으로 시작하는 지두서, 굿을 하는 내력, 부정풀이, 복 불어주기, 수비풀이 등의 내용으로 구성된다. 연행 방식은 풀이와 같다.

　생겨드리자 고사라 하날은 언제 나며 땅은 언제 나겨 신고 ~~~ ○○○에서 이 정성을 드리려고 낡은 책력 제쳐 햇 책력 내어놓고 ~~~ 초가망은 초부정이요 ~~~ 상청은 서른 수비 ~~~ 후삼일에 복을 주옵소사[9]

8　2008년 수원 고색동도당굿의 사설이다.
9　이용우와 방돌근의 연행에서 발췌하여 구성한 사설이다.

강신축원은 도당신이 굿청으로 강림하기를 바라는 내용의 무가로, 구송은 노래가 아닌 말의 방식으로 한다. 미지가 도당신이 좌정할 신대 앞에 앉아 비손하며 축원한다. 축원에 상응하는 장단이나 음악이 있지는 않다. 다만, 당악 등을 연주하여 그 분위기를 고조시키기도 한다.

○월 ○일 올수다 이렇게 대동에서 대우하느라고 애 많이 쓰고 심 많이 썼으니 잘 되게 도와주시사[10]

시루축원은 시루 앞에 앉아 비손하며 주민들의 소망을 말로 풀어내는 무가이다. 강신축원과 방식은 같다. 반주음악이 없이 오로지 축원소리만 들린다. 지두서로 시작하기도 하고 굿을 준비한 내력을 밝히면서 바로 본론으로 들어가기도 한다.

공심은 제례주요 제례 남산 본이로다 집터 골라 잡으시니 삼이삼천 서른수요 ~~~ 모두 이도당할아버지 상산마나님을 위천허랴 하고 ~~~ 받들어 도와달래는 정성이니 ~~~ 굽어주옵소사[11]

시위허소사 오늘은 다 이렇게 이 도당할머니 ~~~ 갖인각성들이 애주 많이 씨구 힘도 많이 들여서 당하주를 마련해가지고 ~~~ 가중이 번성허게 도와줍시오[12]

---

10 1984년 동막도당굿의 사설이다.
11 김헌선, 『경기도도당굿』, 국립문화재연구소, 1999, 180~183쪽.
12 김헌선, 『경기도 산이제 인천 동막도당굿 연구』, 보고사, 2019, 211쪽.

<정간보 - 풀이와 축원 사설 배치>

	덩	드	라	구	궁	따	구	덩	드	라	구	궁	따	구
부정풀이	손	이			로	다		만		진		부	정	
고사덕담	생		겨	드	리	자		고	사	라				

1박에 2~3자를 배치하는 형태가 일반적이다. 1, 2소박이나 1, 3소박의 두 가지가 주로 쓰이며, 4박을 비우는 경우가 많다. 부정풀이는 풀이 행위에 따라 노래를 하거나 쉰다. 4박 1장단의 한배는 중요하지 않다. 구송자가 장단이 아닌 박자에 사설을 배치하기 때문이다. 한편, 고사덕담은 무가가 중심이 되므로 장단의 길이에 맞추어서 구송한다.

제석굿 무가

제석굿 무가에는 청배, 당공수, 만수받이, 천태산, 거리노래가락, 바라타령 무가가 있다.

당공수는 말로 하며 끝을 길게 늘이는 형태의 무가이다. 당공수는 두 번 나온다. 한번은 청배에 이은 부채방울춤 다음, 또 한번은 바라춤 다음이다. 당공수는 당과 공수가 합쳐져서 만들어진 명칭일 가능성이 있다. 당은 의미를 정확하게 알 수 없고, 공수는 신의 말을 무당이 전하는 행위를 이른다. 이러한 행위를 '공수를 준다'라고 표현한다. 공수를 주는 무당은 일반적으로 강신이 되는 무당인 강신무로 알려져 있다. 사설의 내용은 신을 호명하여 전물로 대접하고 요구를 거듭 밝혀서 기원하는 내용이다.

당공수는 말이라는 방식이지만, 단순히 말로만 하지 않고 사설을 선율에 얹어서 구연한다. 사설을 계속 이어가지 않고 사이를 두며 사설이 끊어질 때는 마지막 자를 길게 늘인다. 장단은 없고 선율도 일정한 틀이 있지는 않다. 창자의 의도와 상황에 따라 길이와 높낮이 등을 자유롭게 조절한다. 이는 일종의 긴말이라고 할 수 있으며, 판소리의 창조와 흡사하다.

당공수를 구연할 때는 장구가 장단이 없는 무장단으로 효과음만을 낸다. 궁채를 가지고 궁편을 두드리는 방식이다. 작게 울려주다가 사설이 없는 부분에서는 강하게 쳐서 간주와 같은 효과를 낸다.

대함제석 소함제석 재불제천 낙산관악 석가여래 세인제석 ~~~ 그 무엇 받아오셨는가 ~~~ 삼불제석님이 오셨다가 그냥 가기 서운하니 놀고나 가시자

정월에 본일대왕 오월에 송주보살 ~~~ 염불 하고 가는 중은 시왕세계 간댔으니 염불 동참허여 가자

만수받이는 미지가 마달을 내면 산이가 장구를 치면서 받는 방식의 무가이다. 만수받이라는 어의는 명확하지 않으나 뒤의 '받이'라는 말에서 주는 것을 받는다고 하는 의미가 있음을 짐작할 수 있다. 이러한 의미는 실제로 구연하는 방식에서 나타난다. 주고받는 마달이 서로 같다는 점에서 반복창이 된다. 그 내용은 여러 제석신, 신들에게 올리는 전물, 굿을 주최하는 사람들의 소원으로 구성된다. 신을 호명하여 결국 소원을 말하는 것이 요지이다.

만수받이의 장단은 오늬굿거리이다. 장단의 길이가 굿거리 반 장단인 2박자이다. 각각 두 박자씩 사용하여 앞의 두 박자는 미지가 주는 대목이고 뒤의 두 박자는 산이가 받는 대목이 된다. 첫 박에서부터 사설이 나오며 박자의 순서대로 차례차례 한 음절씩 채워나가

는 형태로 하지만, 연행자에 따라서 다른 방식으로 변화를 주기도 해서 엇박이나 또는 박자를 늘려 2박보다 길게도 한다. 주는 마달의 박자가 길어지면 받는 쪽은 '대함제석'이나 '소함제석'으로 받는다.

만수받이는 기능적인 면에서 명확하게 청배라는 기능을 갖는다. 앞의 절차들에서 청배가 이루어졌음에도 청배를 또 한다는 점이 특징이다. 이는 연행의 방식을 달리하여 절차를 거듭하는 겹굿의 한 유형이다.

〈만수받이1〉[13]

덩		따	덩	다	다	덩		따	덩	다	다
내는 소리						받는 소리					
어	라		제	석	이요	어	라		제	석	이요
아	들	애 기 는	점	지	하 고	아	들	애 기 는	점	지	하 고

주고받는 길이는 각각 굿거리 반 장단인 2박자이다. 앞의 두 박자는 미지가 주는 대목이고 뒤의 두 박자는 산이가 받는 대목이 된다. 첫 박에서부터 사설이 나오며 박자의 순서대로 차례차례 한 음절씩 채워나가는 형태이다. 엇박 등의 변화형이 나타나지 않아 평이하고 안정적인 구연 형태가 된다.

〈만수받이2〉[14]

덩		따	덩	다	다	덩		따	덩	다	다
내는 소리						받는 소리					

---

13 1991년 KBS에서 녹음한 《경기도도당굿》의 음원으로 오수복의 구연이다.
14 〈제석만수받이〉, 《경기무악》 CD2. 이용우가 구연한 자료이다.

대	함		제		석	대	함		제		석
대	함	제	석	소	함	제	석				
		제	불	제	천	낙	선	관	악		
명		도		많	이	불	어	주	시	던	
어	라		제		석	어	라		제		석

이용우의 연행은 오수복과는 확연히 다른 면모를 보여준다. 굿거리 반 장단이라는 두 박자단위의 주고받는 형식을 탈피하고 있다. 이용우 연행의 양상은 기본형, 엇박형, 긴박자형의 세 가지로 나타난다. 기본형은 오수복의 연행과 같이 2박자로 소리를 주는 형태로 1행과 5행이 된다. 엇박형은 3·4행처럼 첫 소박을 비워두는 방식이다. 긴박자형은 2박자보다 길어진 2~4행이 그 사례이다.

천태산[15]은 미지가 '천태산 들어간다~'로 시작하면 산이들이 섭채 장단을 내고 선율악기로 반주하는 무가이다. 천태산 무가는 염불을 권유하는 내용이다. 이 무가의 목적 중 하나는 별비이다. 서울굿의 바라타령과 같은 기능을 갖는다. 선청배와 사설의 배자 방식은 같다. 반면, 모리나 발뻐드래로 이어지지는 않는다.

저 절문을 열고 보니 청학은 날아들고 백학은 흐늘거려 나무 나무 나무로다 십리 안에는 오리나무
오리 안에는 전나무 염불을 드려노니 옥도끼로 찍어다가 금도끼로 지어 내니 이 굿 받아 세주가서[16]

---

15 무가를 지칭하는 별도의 명칭이 없어서 사설의 첫 소절을 명칭으로 삼은 것이다.
16 김헌선 외, 『경기도도당굿 전수교재: 무가편』, 경기도도당굿보존회, 2008, 106쪽.

거리노랫가락 혹은 거리노래는 미지가 마달을 내면 산이가 받고 이어서 산이와 미지가 합창하는 방식으로 가래조장단을 사용하는 무가이다. 미지가 한 장을 선창하면 산이가 한 장을 후창한 뒤에 산이와 미지가 한 장을 합창한다. 3장이 모여서 한 절을 이루게 된다. 미지는 서서 선창과 합창을 하고 산이는 앉아서 장구와 징을 치며 후창과 합창을 하는 형태로 남녀교창이라는 특별한 구연 방식이다. 무가의 사설은 제석님을 청해서 맞이하여 놀리면서 소망을 기원하고 보내드리는 내용으로, 단일한 절차임에도 신을 청하고 보내는 일련의 과정이 담겨있다.

1절	소사 놀으를 소사 대함제석이 놀으소사
	소사 놀으를 소사 소함제석이 놀으소사
	*(반복) 제석이 와교를 시다 놀고나 가오
2절	제석님 오시는 길에 은하수로 다리를 놔요
	제석님 가시는 길에 안개수풀로 다리를 놔요
	*
3절	남산에 달래를 캐어 시냇물에다 흘리 씨어
	은쟁반 박여를 들고 나라 진상을 가고 놀아
	*
4절	젖히고 젖혀를 주세 요물사귀를 젖혀 주세
	도우고 도와를 주세 자손의 벼슬을 도와주세[17]
	*

---

[17] 김헌선 외, 『경기도도당굿 전수교재: 기초편』, 경기도도당굿보존회, 2008, 57~58쪽.

⟨정간보 - 거리노랫가락 사설 배치⟩

		덩		따	궁		따		따
내는 소리		소	사						
		놀		으	를		소	사	
		대	함		제		석		이
		놀		으	소		사		
받는 소리					놀	으	소	사	
		놀		으	를		소	사	
		소	함		제		석		이
		놀	으		소		사		
같이					제		석		이
		와		교	를		시	다	
		놀		고	나		가		
		오							

바라타령은 거리노랫가락에 이어지는 절차로 서울굿과 같은 연행 면모를 보인다. 조사보고서나 현장자료에서는 발견되지 않는 것으로 보아,[18] ⟨제석굿⟩에 새롭게 추가된 절차라고 추정된다.

군웅굿 무가

군웅굿에는 산이의 앉은군웅청배와 군웅노정기, 미지의 선군웅청배, 천근, 복잔축원, 활놀음이 있다.

---

18 바라타령은 현장조사보고서 『경기도도당굿』(1990년)에서도 나타나지 않는다. 1990년경까지는 연행되지 않았을 개연성이 높다. 반면 예외가 되는 자료가 하나 있다. 김태곤, 「화성지역무가Ⅰ」 중 제석굿에 바라팔이가 나타난다. 사설을 보면 현재의 무가 사설과 거의 같음을 알 수가 있다. 하지만 이 자료를 인정한다고 하여도 그 원인은 구연자에 한정된 결과로 보는 것이 타당하다고 판단된다.

천근은 제석굿의 당공수와 같이 장단의 틀이 없이 말을 길게 늘이는 등의 방법으로 구송하는 무가이다. 징을 사설 사이에 징을 들어서 친다. 먼저 군웅신의 불러서 청하고 굿의 장소와 주체를 밝힌다. 어떤 정성을 올렸는지 열거한 뒤에 소망을 들어달라고 한다.

천근이요 천근받아 나오소사 강남은 홍씨군웅 우리나라 이씨군웅 저 나라 사신군웅 ~~~ 수원시 벌말 고색동 각성받이 가가호호 대동일판이 모두 한맘 한뜻이로 정월 열하룻날이면 맡아논 날에 대우허고 우천헐 때 ~~~ 왼소머리 걸안주 받어 왼시루 독반에 찬시루 도전이며 빛이루 나림하고 김이루 응감지어 ~~~ 만백성이 편안하고 대동일판이 편안하게 정성에 덕을 입혀 달라 허고[19]

복잔축원은 천근에 포함되는 무가이다. 미지가 한쪽 팔에 징을 걸고 징채를 잡고 치면서 다른쪽 손으로는 명잔복잔을 주민들에게 내린다. 무가를 시작하면 산이들이 섭채장단과 시나위로 반주한다. 연행형태가 제석굿의 천태산무가와 같다. 정성이 반가우니 소원을 이루어주는 잔을 준다는 내용이다.

에야 에 잔잔마다 명신 잔이고 잔잔마다 복 실은 잔에 내가 모두 도와주마[20]

활놀음에서 화살을 쏘는 시늉을 하다가 멈추고는 별도의 반주 없이 말로 축원을 한다. 군웅님이 즐거이 받으시고 걱정 근심을 모두

---

[19] 김헌선 외, 『경기도도당굿 전수교재: 기초편』, 205~207쪽.
[20] 김헌선 외, 앞의 책, 207쪽.

화살에 실어서 없앤다는 내용이다.

뉘라 오시리까 군웅님이 오셨다가 소소한 정성에 태산만큼 남산만큼 받으시고 ~~~ 한 살로 쏘아 두 살로 적어서 석살로 활로 살로 맥여서 아프고 두려운 거 죄 걷어가주구 먹고 들러 나가시구 대동일판에 가가호호에 그저 험한 일도 다 제치고[21]

모음노래 형태의 무가

손굿과 군웅굿의 노정기, 중굿, 뒷전에서 불리는 무가의 연행형태가 판소리와 유사하다. 부채를 든 산이가 소리북 반주로 아니리와 노래를 부르는 방식과 여러 노래로 이루어졌다는 점, 그리고 장단과 선율에서 공통되는 부분이 많다는 점에서 유사성을 지닌다. 한편으로는 아니리와는 조금 다른 재담 방식이 많고, 깨낌이나 수비풀이와 같이 판소리와는 전혀 다른 면모도 있다. 이런 이유에서 모음노래 형태의 무가라 분류하고자 한다.

노정기는 손님과 군웅의 두 가지인데, 무가 구성은 같다. 군웅(손님)이 강남에서 굿청까지 오는 노정, 군웅상과 절 받기, 집과 세간 등을 마련, 잡귀잡신 풀이 무가로 이루어진다. 무가별로 장단과 사설의 내용을 표로 제시한다.

---

21 김헌선 외, 앞의 책, 209쪽.

<군웅노정기 무가별 연행 내용>

제목	장단	내용
공수답	자진굿거리	산이가 "여 보아라 예"하며 소리를 시작한다. 소리를 혼자서 하는데 여 보아라하면 예하고 답하는 자문자답의 형식이다. 공수답이라는 용어는 이 때문에 생겼다[22]고 할 수 있다. 천지조판으로 시작하여 치국을 잡으며 동막동네에 이른다. 반주악기는 장구이다.
들어온다	삼공잽이	"강남은 홍씨 우리나라는 이씨, 당태종 같은, 유현덕 같은" "들어온다"하며 소리를 낸다. 군웅님의 성씨와 역사적인 인물을 빗대어 추상의 존재를 구체화 시킨다. 창자가 소리를 내면 거기에 맞추어 북이 따라오는 판소리와 같은 방식이다.
나귀사기	아니리	군웅님 모실 나귀를 마을 주민에게 판다. 별비를 마련하는 구실로 삼아 솔질할 때와 안장을 지을 때 모두 요구한다.
나귀솔질	자진모리	나귀의 머리, 등 다리 등을 솔질한다.
나귀안장	자진모리	나귀 안장을 짓는 등 화려한 치레와 나귀를 타고 가는 모습이다.
지성감천	아니리	동네사람들의 정성에 감하시어 군웅님이 강남에서 뻗쳐 나온다.
강남서	중중모리	강남을 떠나 낙양성 만리장성 등을 지나 마침내 압록강에 당도하여 배를 대도록 한다. 이용우의 소리는 처음의 두 박을 공박으로 보내는 곳이 많다. 자진모리에서도 마찬가지이다.
배치장과 고사	자진모리	존중하신 군웅님을 태우기 위한 배에 갖가지 치장을 하고, 강을 건너가다 풍랑을 만나서 고사를 지내고 무사히 건너간다. 배를 타는 이유는 강이나 바다와 같은 물을 건너기 위함이다. 이 때 물을 두 가지로 볼 수 있다. 하나는 길을 가르고 있는 실제의 물을 가리킨다. 다른 하나는 고사와 같은 의식을 치루어야 건널 수 있는 통과의례의 의미를 지닌다.
평양당도	중중모리	압록강을 건너 의주를 지나 평양에 당도한다.
기생점고	중모리 자진모리	군웅님과 평양감사가 유정하여 기생을 부른다. 처음에는 중모리로 천천히 부르다 자진모리로 자주자주 부른다.
군로사령	자진모리 중모리	평야의 성산옥이를 잡아드리기 위해 군로사령이 나간다. 김번수와 박패두가 모양새를 갖추고 잡으러 가자 성산옥은 알아차리고 이들을 맞이하여 질펀하게 대접한다. 이용우는 다른 자료에서도 춘향을 먼저 부르고 난 후 성산옥으로 정정하고 있다. 굿과 판소리의 선후는 알 수 없지만, 흔히 알고 있는 춘향을 먼저 부름으로서 사람들의 관심을 얻으려는 의도가 아닌가 생각된다.

제목	장단	내용
수청거부	중모리	춘향으로 이름을 바꾸고 수청을 제안하지만, 춘향은 평양과 진주기생을 예로 들며 거부한다. 이에 화가 나지만 오늘 저녁 정성을 드려야 하므로 처리를 미루고 하옥을 명한다. 춘향가와 유사하게 진행되지만, 정성임을 상기시켜 굿판을 벗어나지 않는다.
평양서	중중모리	평양을 떠나 장안에 당도한다.
골목구경	자진모리	서울의 골목을 여기저기 다닌다.
남대문밖	자진모리	남대문을 떠나 영등포를 지나 동막동네로 들어온다. 각 방위에 기를 세우고 음악을 연주하며 군웅님을 맞이한다.
나돌아간다	중모리	군웅님이 등장하였는데 자리를 지키고 앉아 있으니 돌아간다고 한다. 군웅님을 모셔온 소리에 대한 별비를 요구하는 의미이다.
걱정근본	자진모리	군웅님이 가시면 생긴다는 걱정을 늘어놓는다.
어른근본	자진모리	군웅님을 몰라본다며 어른의 근본을 일러준다.
절하기	극	당주를 불러 절하는 방법을 가르치며 군웅님께 예를 올린다.
술과 안주 근본	자진모리	술과 안주를 먹더라도 근본을 알아야 한다. 당주들이 군웅님께 예를 올리는 과정으로 절을 올리고 술과 안주로 음복을 한다.
집짓기	자진모리	집터잡기-지경다지기-주추놓기-나무마련-방과 마당마련 순서이다.
세간마련	자진모리 중모리	마루치장-방안치장-신타령-비단타령-책타령-어물타령-패물타령 순서이다. 군웅님은 이 마을에 좋은 집터를 잡아서 집을 지어주고 세간까지 마련하여 정성에 대한 보답을 한다.
잡귀잡신	자진굿거리 중모리	산이가 활놀음을 한차례 한 뒤 필요한 것들을 사기 위해 별비를 걷으려 하지만, 마을 사람들은 쉽사리 주지 않고 실랑이를 한참 벌인다. 마을 사람들은 노련한 솜씨로 요구에 대응한다. 중모리나 엇모리로 수비 등의 잡귀잡신이 자신이 누구인지 밝히며 말하는 대목은 북으로 반주를 하고, 풀어먹여 보내는 대목은 장구와 징이 주가 되어 반주한다. 이런 형식은 수비와 걸립까지 계속된다. 군웅님은 잡귀잡신을 물리치려는 목적으로 활을 쏜다. 앞에서 미지가 활을 가지고 놀음을 하며 잡귀잡신을 물리치니, 결국 겹으로 활놀음이 이루어지는 것이다.

---

22 김헌선, 『경기도 산이제 마을굿 연구』, 미발표 원고, 2007, 9쪽.

제목	장단	내용
실근실근	자진모리 휘모리	신농씨 백초약을 대러 실근실근 산으로 올라간다. 약을 찾으러 산으로 실근실근하며 올라가는 모습을 노래하는 것임을 아니리로 짐작할 수 있으나, 약을 왜 먹는지는 밝히고 있지 않다. 왜 갑자기 이 대목이 나왔는지는 알 수 없지만, 마을 사람들은 미리 알고 서로 약값을 내라고 한다.
수비풀이	자진굿거리 중모리 엇모리	여러 수비가 등장하여 수비가 된 연유를 밝히며, 자신을 많이 먹여주면 도와준다고 한다. 수비풀이에서도 활놀음이 계속된다.
걸립	중모리	걸립대신 산신 서낭 용왕걸립도 청하여 풀어먹여 보낸다.
풀이	자진굿거리	꽹가리를 치면서 춤을 추고, 장구와 징으로 요란하게 합주하면 서군웅노정기를 마무리 한다

중굿은 춤, 재담, 무가, 수비풀이의 순으로 이루어진다. 중이 나타나자 재담으로 부정적인 점을 나열하며 배척한다. 이에 중은 자신의 모습을 묘사하고 도래한 과정을 알려주고 인간들이 바라는 바를 불어주기 위해서 왔다고 밝히며, 자손 번성, 명, 집과 세간 마련 등 인간의 재수 소망에 관한 무가를 이어간다. 무가를 마치면 수비풀이의 의식행위로 마무리한다. 무가 반주는 주로 장구로 하고, 춤과 수비풀이는 징과 선율악기를 더한다.

〈중굿의 무가별 연행 내용〉

제목	장단	내용
중하나 나려	엇모리	중의 모양새를 나타내고 자손 번성과 명복을 주는 자신의 역할을 밝힌다.
저중의 거동	엇모리	중의 치레와 동네에 들어와 소망을 불어준다는 역할을 노래한다.
저중의 거동	자진모리	집터를 잡고 지경을 닦는다
실근실근	자진모리	집을 짓고 비단과 온갖 세간을 마련하고는 축원한다

뒷전은 의딩이, 깨낌꾼, 고수가 무가 전반을 진행하며, 처음 깨낌춤과 마지막 대목인 수비풀이에는 선율악기가 참여한다. 의딩이가 모든 무가를 부르고 깨낌꾼은 상대 역할을 한다.

〈뒷전 무가별 연행 내용〉

제목	장단	내용
입장	타령 휘모리	의딩이와 깨낌꾼이 서로 대치하다가 붙잡고 싸우는데, 결국 의딩이가 이긴다. 장구와 징 피리가 타령-휘모리를 연주한다.
나를 몰라	자진모리	의딩이가 부채를 들고 '나를 모르느냐'는 물음과 '난 몰라요'라는 깨낌꾼의 대답이 여러 차례 오간다. 자신을 모른다고 하니 알 방침이 있다며 날몰라타령으로 자신을 밝히지만 역시 모른다.
밥 근본	자진모리	밥을 먹은 지가 오래되어서 자신을 모르는 것이라며 밥을 사달라고 하며, 수라상과 공양밥 등의 잘 차려진 밥을 늘어놓는다.
서방얻기	자진모리	어머니는 서방이 죽어 나이별로 서방을 얻어 들일 수밖에 없었을 정도의 험한 팔자였다.
품팔기	자진모리	어머니는 예의범절과 침재질이 장하여 품을 잘 팔았고, 아버지도 쉬지 않고 온갖 품을 팔았다.
자식없는 설움	중모리	아버지는 자식이 없으니 죽으면 누가 장례며 제사를 누가 지내주냐며 열심히 살아가는 의미가 없다고 탄식한다.
자식발원 공드리기	중모리	별비로 쌀과 미역을 장만하여 어머니는 자식을 얻기 위해 공을 드린다. 상제에게 죄를 지어 인간세계로 내쳐진 천상사람이 찾아드는 태몽을 꾼다.
임신금기	자진모리	태기가 있어 나쁜 것을 금하고 고통을 이겨내어 아들을 낳는다.
아기어루기	자진모리	바라던 자식을 얻어 사랑으로 어루며 키운다.
천자 가르치기	자진모리	아이에게 천자문을 한자씩 풀어서 가르치지만 모른다.
농사 가르치기	자진모리 세마치	쇠 장구 징으로 자진모리를 연주한 뒤에 농부가를 부른다.
걱정근본	자진모리	고수가 모른다고 하니, 모르는 일만 생기는 것이 큰 걱정이라며 온갖 걱정을 늘어놓는다.
어른근본	자진모리	어른의 근본을 열거하는데, 자신이 어른이라는 의미와 또한 자신의 이름을 동시에 나타낸다. '어른'이 '의던이'로 바뀌어지며 사용되는 것이다.

제목	장단	내용
반갑구나	자진모리	의던이라는 말을 듣고 반가워한다.
막둥이 죽음	진양조	으던이가 막둥이를 찾는다. 마을사람이 죽산을 갔다고 하니 으던이가 막둥이가 죽었음을 알고 울면서 슬픔을 노래한다.
막둥이장사 지내기	자진모리 중모리	상여를 마련하여 발인제를 지내고 운구를 한다. 동네의 주산을 넘다 사람들로 인해 시신이 망가져 지게로 져다 묻고는 평토제를 지낸다.
오쟁이 타령	중모리 자진모리	으던이가 집에 들어가니 온갖 일을 시키고는 트집을 잡아 내쫓는다. 가련한 신세를 노래로 풀고 자신의 오쟁이를 찾는다. 그 속에 들어있었다는 돈·나무·비단·찬거리들을 차례로 열거하며 찾는다.
빌어먹기	중중모리	결국 오쟁이에 넣어두었다는 것들을 찾지 못하고 빌어먹으러 전국을 돌아 동막동네로 차차 들어온다.
안전막둥이	아니리	빌어먹고 다니던 중 행차와 만나 잡귀잡신을 먹고 다니는 안전막둥이임을 밝힌다. 행차도 자신을 밝히고는 바쁘니 대신해서 동막동네의 수비를 잡아내버리라는 임무를 준다.
수비풀이1	자진타령 중중모리	북 장구 징이 자진타령을 연주한 뒤 상중하청수비 남녀수비 등이 들어온다.
수비풀이2	자진타령 중중모리 엇모리	연주 후 호영산수비가 들어온다. 근동사람으로 산에 나무 갔다 짐승에게 물려 영산수비가 된 내력을 밝힌다.
수비풀이3	자진타령 중중모리	연주 후 여러 걸립대신이 합하여 들어온다.
수비풀이4	자진타령 중중모리	소경수비가 들어온다. 동네가 정성을 드렸는데 뒷끝이 있는지 점을 친다며 점채를 한동안 걷는다. 점을 보고 나온 괘를 풀어준다. 점괘 끝에 정애비를 잡아 퇴송하라 한다.
정애비어미 탄식	자진타령 중모리	정애비를 드려다 놓으니 그 어미가 쫓아와 붙들고 탄식한다. 타령연주 중에 정애비를 들여놓는다.
정애비징치	중모리	매를 치니 정애비가 십장가를 부르며 어서 죽여 달라고 한다. 춘향가의 수절을 지키는 의미가 퇴송해야하는 귀신인 정애비에게도 적용되어 뒷전의 징치하는 흐름과 일치되는지 의문이다.
수비풀이	자진 굿거리	수비풀이로 마무리 한다.

4. 무가의 특징

경기도 도당굿의 무가는 몇 가지 특성을 지닌다. 무당이 아닌 산이가 무가를 담당하고, 판소리 방식과 흡사한 무가가 있다는 점이다. 산이가 담당하는 무가는 고사축원, 앉은청배, 노정기, 중굿, 뒷전이다. 그 내용은 청신, 축원, 수비풀이로 요약된다. 이 중에 노정기, 중굿, 뒷전의 연행 방식은 판소리와 흡사하다.

고사축원은 마을을 돌며 주요한 장소에서 올리는 고사에서 부르는 무가이다. 사설은 천지조판으로 시작되는 지두서, 축원, 수비풀이로 구성되어 청배와 같이 온전한 면모를 갖추고 있다. 다른 지역에서는 이 무가를 무녀가 담당하는 것과는 차이가 있다.

청배는 무녀의 고유한 영역으로 나타난다는 점에서 산이의 청배는 특이하다고 할 수 있다. 신과 소통하는 사제자의 보조가 아닌 주체가 되는 것이다. 그런데, 산이의 청배는 부정, 제석, 군웅거리에서 미지의 청배와 짝을 이룬다는 점도 특이하다. 시루굿에는 아예 미지 대신 산이가 청배를 담당하고, 미지는 축원에 그 역할이 한정되어 있다. 노정기는 청배의 다른 형태이다. 군웅노정기에서 군웅님이 굿청에 이르는 노정은 미지의 청배를 다른 연행방식으로 확대한 형태이다. 손님굿의 경우도 시루굿과 같이 미지의 청배가 없이 산이가 노정기를 통해서 청배의 기능을 수행한다.

노정기, 중굿, 뒷전은 창과 아니리라는 연행 방식, 장단, 곡들의 구성 형태, 북이라는 악기가 판소리와 흡사하다. 판소리의 무가기원설이 있다. 노정기, 중굿, 뒷전이 그 증거인지는 아직 알 수 없다. 대표적인 굿의 전승 연행자인 이용우는 서모에게 판소리를 배웠는데, 이를 근거로 굿에 차용한 것이 아니냐는 주장을 할 수 있다. 반면에 굿 연행을 보완하기 위하여 전문적인 소리꾼의 도움을 받았을 가능성도 있다.

결국 경기도 도당굿 무가의 특징은 산이의 참여에서 비롯된다고 볼 수 있다. 신을 청하는 무가를 담당하고 오히려 미지보다 더 많은 굿거리에서 나타난다는 점이나, 판소리의 기원일지도 모르는 노정기 등을 왜 산이가 맡게 되었는지는 명쾌하게 알 수 없다.

이런 면모는 다른 지역과는 다른 독자성을 지니며, 경기도 도당굿의 실제가 된다.

V
경기도 도당굿의 춤

1. 춤¹의 개요

굿은 신을 대상으로 인간의 소원을 기원하는 의식이다. 특별한 음식을 차려놓고 악기를 연주하고 말과 노래를 하며 춤을 춘다. 기원이라는 의미에서 보면 앉아서 말을 하는 것으로 가능하다. 불교의 염화미소와 같이 단순한 행위로도 충분하다. 굿에서는 다양하고 복잡한 여러 가지 방법을 동원한다.

이렇게 다양한 요소들의 복합적인 총체라는 특성상 접근이 쉽지 않다. 굿을 이루는 요소 중 어디에 중점을 두고 연구해야 하는지 단언하기도 간단치 않다. 다방면으로 동시에 이루어지는 것이 최선인데, 가장 먼저 눈에 띄는 것이 춤이다. 춤은 시각적인 표현방식을 사용하므로 당연한 소리일 수 있지만, 여기에는 두 가지의 이유가 있다.

---

1 명칭을 가진 춤이 현장에서는 많지 않다. 단순히 춤이라고 하거나, 무구나 장단의 이름으로 대신하는 경우가 보편적이다. 선행연구(정병호, 앞의 책, 65~83쪽)에서 명칭부여가 이루어지기는 했지만, 어느 정도 일반화가 가능한지는 의문이다. 명칭은 다각적인 방향에서 신중하게 살펴서 부여할 문제이므로, 이후에 별도의 연구가 필요하다고 판단된다. 이 글에서는 부족하지만, 논의의 편의상 '~춤'의 방식으로 필자가 임의로 부여하고자 한다.

하나는 굿은 서서 연행된다는 점이다. 굿은 앉은굿과 선굿이 있는데, 일반적으로 선굿이 있어야 굿이라고 한다. 노래나 음악은 앉아서도 가능하지만, 춤은 서서 해야만 온전하다. 이 말은 굿에는 춤이 있고 춤이 있어야 굿이 된다는 의미와도 통한다.

다른 하나는 가무악희의 상관성이다. 굿을 이루는 요소인 가무악희는 상호관련성을 가지고 있어서 각자가 독자적으로 나타나지 않고 서로 같이 연행된다는 점이 주요하다.[2] 가 또는 무에는 악이 반주하며 희에는 가무악이 모두 동원된다. 가를 서서 연행할 때 악의 반주 이외에 무가 보조적으로 수반된다. 반대로 말하면, 서서 부르는 경우 무가 부수적으로 동반되고, 악은 무의 반주로 필수적이며, 희를 위해서도 무는 동원된다. 무가 다른 요소에 비해 그 연행 비중이 높다는 의미가 된다.

경기도 도당굿의 춤은 연행자, 무구, 춤사위 등에 따라 다양하게 나타난다. 무당인 미지가 춤을 추는 것은 물론이고, 산이도 춤을 춘다. 무구로 부채방울을 비롯하여 바라, 활, 꽹과리, 신복 등을 사용한다. 부채를 좌우로 방울을 위아래로 밀고 당기는가 하면 신복 소매를 감고 풀고 뿌리기도 하며 전물을 받쳐 들거나 화살을 쏘는 시늉을 춤으로 표현하기도 한다. 발은 좌우로 이동하고 왼쪽 오른쪽으로 작은 원을 그리며 도는 사위도 많이 나타난다. 경기도 도당굿에서는 두 발을 동시에 땅에서 떨어뜨리며 뛰는 동작을 하지 않는다.

각 춤은 그에 따른 기능을 지닌다. 부정을 맑히고, 신을 청하고,

---

2 상관성에서 예외가 되는 사례도 있다. 말과 새면이 그 경우이다. 말은 노정기에서 노래의 사이에 아니리가 해당하며 새면은 염불과 타령, 굿거리로 구성된 음악으로 춤이나 노래는 수반되지 않는다.

또 맞이하고, 전물 등을 바치고, 액을 몰아내는 등 굿거리와 절차의 필요에 따라 모습을 달리하며 등장하여 임무를 수행한다.

2. 굿거리별 춤의 종류와 구성

도당굿을 이루는 거의 모든 굿거리에는 춤이 편성되어 있다. 같은 춤이 여러 굿거리에 걸쳐 나타나기도 하고, 특정 굿거리에서만 추는 춤도 있다. 굿 전체에 등장하는 춤을 살펴보는 것이 처음 순서이다.

〈굿거리별 춤의 종류〉

굿거리		춤	복색
당주굿		도무, 맨손춤	쾌자
거리부정		부정물놀림, 맨손춤	
부정굿		부채방울춤, 부정물놀림, 맨손춤	
도당모셔오기		도무, 거성	철륙
돌돌이		목검춤	쾌자
시루굿			
제석굿		부채방울춤, 장삼춤, 바라춤, 전물놀림, 맨손춤	장삼
손굿	깨낌	깨낌춤	쾌자
	노정기	활춤, 쇠춤	쾌자
터벌림		터벌림춤	
군웅굿	군웅굿	부채방울춤, 장삼춤, 전물놀림, 징춤, 활춤, 맨손춤	철륙, 쾌자
	쌍군웅	쌍군웅춤	철륙, 쾌자
	노정기	활춤, 쇠춤	쾌자
도당모셔다드리기		도무, 거성	철륙
중굿		장삼춤	장삼
뒷전		깨낌춤 1, 2	

여러 번 등장하는 춤들이 보인다. 부채방울춤과 맨손춤, 전물놀림춤, 활춤과 쇠춤, 장삼춤, 깨낌 등이다. 부채방울과 맨손 춤은 부정, 제석, 군웅거리에 속한다. 세 굿거리는 여러 절차로 이루어져 규모가 크며, 두 춤의 연행자는 미지이다. 부채방울춤은 굿거리 서두에 맨손춤은 말미에 배치되어 굿의 시작과 끝을 담당한다. 전물놀림춤은 신에게 전물을 바치는 의식을 춤이라는 방식으로 표현한 절차인데, 제석과 군웅거리에서 분명하게 보여준다. 활춤은 연행자가 미지와 산이로 둘이다. 각기 다른 절차에서 개별적으로 춘다. 미지는 군웅굿, 산이는 손굿과 군웅굿의 노정기이다. 하지만, 쏘는 시늉을 위주로 삼는 춤사위와 액을 몰아내는 기능은 공통적이다. 쇠를 무구로 삼는 춤은 산이가 도맡는다. 손굿과 군웅굿의 노정기에서 쇠춤은 활춤에 이어지며, 쇠를 울려 수비와 액을 보내며 마무리하는 기능을 한다. 장삼춤은 복색 자락을 무구로 사용하는 춤이다. 제석굿과 중굿은 흰장삼, 군웅굿은 붉은 철륙으로 팔 길이의 두 배가 넘는 긴 소매에 손을 넣거나 손으로 잡고 춤사위를 만들어낸다. 장삼을 무구로 삼는다는 공통점을 지니지만, 춤사위의 면모는 서로 다르다. 깨낌은 손굿과 뒷전에서 나오는데, 둘은 춤사위보다는 깨낌의 의미 중 하나인 씨름의 면모를 반영한 명칭이다. 손굿에서는 외지의 손님과 내지의 도당신이, 뒷전에서는 의딩이와 깨낌꾼, 그리고 의딩이와 정업이가 서로 어울려 춤을 추다가 결국 승패가 갈리는 한바탕 씨름을 한다. 깨낌은 대결을 통하여 물리치거나 몰아내려는 목적을 표현하는 것이다.

하나의 굿거리에만 속한 춤이 있다. 거리부정과 부정굿은 분리된 굿거리이지만, 장소를 달리하고 절차의 종류가 다를 뿐 같은 기능을 수행하므로 한 가지의 굿거리로 볼 수 있다. 부정물림춤은 부정 관련 굿거리의 핵심인 부정 물리치기를 하며, 미지가 담당한다. 목검, 바라, 징은 각각 돌돌이, 제석굿, 군웅굿에서만 사용하는 무구를 사용한 춤이다. 터벌림, 깨낌, 쌍군웅 춤은 굿거리와 명칭이 서로 다르지만, 산이가 쇠를 들고 춤을 춘다는 점을 공유한다. 춤사위와 동선이 체계적이고 정형화되어 있고, 서로 같다. 반면, 짝을 이루는 연행자와 수행하는 기능은 서로 다르다. 터벌림은 혼자 추며 액을 쫓거나 기량을 보여주는 오락적인 면모를 지니는 반면, 깨낌과 쌍군웅은 둘이 등장하며 쇠를 든 산이는 같다. 깨낌은 손님신, 쌍군웅은 군웅신과 짝을 이루는데, 손님신은 해를 끼치므로 맞이는 하지만 대결의 이면을 지니고, 군웅신은 이익을 주므로 기꺼이 맞이하는 양상을 갖는다고 볼 수 있다.

당주굿과 도당모시기에서는 도무와 거성이 확인된다. 둘은 모두 서울굿의 기본적인 춤이다. 당주굿은 서울굿 무당이 담당한 결과로 보인다. 도당모시기는 부천 장말의 도당할아버지나 인천 동막 동네의 신대에 도당신을 내려받는 과정이 포함된다. 강신이 되지 않는 경기도 남부지역의 맥락과는 다르다. 두 가지의 춤은 강신할 수 있는 서울굿 방식에서 나타난 춤임을 알 수 있다.

3. 개별춤

춤을 하나씩 알아보는데, 도당굿의 굿거리 순서와 굿거리에서 춤이 등장하는 순서를 우선 기준으로 삼아 배치하고자 한다. 춤에 본격적으로 다가가기에 앞서 미지와 산이의 복장을 살펴볼 필요가 있다. 이미 앞에서 살펴보았지만, 춤에 있어서 복장은 단순히 몸을 가리기 위한 수단이 아니라 표현의 도구로 긴요하게 쓰이기 때문이다. 특정한 복색이 없이 미지는 치마와 저고리, 산이는 조끼나 두루마기를 입기도 하고, 굿거리에 따라 미지의 복장은 홍철릭과 흰장삼이고 산이는 청쾌자를 갖추어 입는다.

부채방울춤

부채방울춤은 부채와 방울을 들고 춤을 추기 때문에 붙여진 이름이며 부정놀이춤이라고도 부른다. 부채방울춤은 두 번 등장한다. 첫 번째는 미지가 하는 선굿의 처음 절차이고, 두 번째는 미지가 군웅청배를 마치고 사방을 돌며 행하는 절차이다.[3] 해당 굿거리의 주신을 모시기 위해서 춘다.

부채는 왼손에 방울은 오른손으로 잡는다. 엄지와 검지를 활짝 펴서 부채를 손등 위에 살짝 얹듯이 올려놓고 나머지 세 손가락으로 가볍게 말아 쥔다. 방울은 손잡이를 중지 아래 세 손가락으로 살짝 쥐고 엄지와 검지를 둥그렇게 쥐어 그 속에서 방울의 손잡이가 움직일 수 있도록 한다. 부채는 좌우로 흔들고 방울은 위아래로 흔든다. 부채의 앞면이 위로 향하여 오른쪽으로 가고 앞면이 아래로 향하여 왼쪽으로 가서는 세운 채 머문다. 몸을 중심으로 안쪽으로 당기고, 뒷면으로 뒤집어서 밖으로 끌어내는 방식이다. 방울은 아래로 향하였다가 손등에 얹듯이 세우며 다시 아래로 향하게 하고 세우기를 반

---

[3] 부채방울춤은 부정놀이장단이외에도 섭채장단과 자진굿거리장단의 일부에서도 연행되고, 그 춤사위가 같으므로 무구에 따른 명칭을 부여하였다. 하지만, 부정놀이춤이라고 하는 이유는 부정놀이장단에서만이 춤이 주요한 요소로 작용하기 때문이다. 섭채에서는 노래의 사이에, 자진굿거리에서는 부정놀이장단에 이어서 잠시 나타나므로 부수적이라고 할 수 있다.

복한다.

발은 좌우로 움직이는 동작과 왼쪽·오른쪽으로 도는 동작이 있다. 왼발 왼쪽으로 한발 옮기고 오른발이 따라와 왼발에 붙이고 오른쪽으로 45도 돌리고 오른발 오른쪽으로 한발 옮기고 왼발이 따라와 오른발에 붙이고 왼쪽으로 45도 돌리는 방식으로 좌우로 옮긴다.

왼쪽 오른쪽 양방향으로 돌 때, 양팔을 양쪽으로 펴고서 부채와 방울을 손등에 얹듯이 하고 왼쪽으로 왼발부터 나가며 돌고 오른쪽으로 오른발이 먼저 나가며 걷듯이 원을 만들며 돈다.

잽이들이 부정놀이장단을 치면 미지가 부채방울을 들고 등장하여 춤을 추기 시작한다. 먼저 합장하여 절을 하고 좌우로 이동하며 부채와 방울을 모았다 흩었다 하는 방식으로 춤사위를 만든다. 춤을 추다가 왼쪽과 오른쪽 순서로 작은 원을 그리며 한 바퀴씩 돌고 시작과 같이 합장하여 절을 함으로써 맺는다. 두 번의 춤에서 다른 점은 제자리에서 추느냐 이동하며 추느냐이다. 군웅굿의 부채방울춤은 굿상을 중심으로 사방을 돌면서 춘다. 반면 춤사위는 서로 같은 형태이다.

손과 발이 같은 박자에 일치하지 않는 면모가 있다. 발, 부채, 방울이 각각의 순환주기를 별도로 가지고 있어서 시작과 끝을 쉽게 찾을 수 없으며 춤사위가 끊임없이 이어지는 결과를 초래하기 때문이다. 이러한 특성으로 인하여 춤을 배우기가 어렵다. 굿을 배우러 온 사람의 대부분은 굿거리의 초입인 부채방울춤을 넘어서지 못하고 돌아서는 경우가 많다. 그렇다면 왜 춤사위가 박자에 일치하지 않는 것일까? 아마도 규칙적인 일상과 대비되는 다른 세상에 접근하기 위한 수단일 수도 있으리라고 추측된다. 장단에서 규칙적인 소박이 아닌 서로 다른 소박을 조합한 혼소박을 사용하는 것과 관계된다고 보인다.

부정물림춤

거리부정과 부정굿에서 부정물로 장소와 사람들을 깨끗하게 정화하는 춤이다. 북어와 부정물 놀리기, 부정물 뿌리기, 고수레, 소지와 북어 놀리기라는 일련의 과정이 모두 춤으로 표현되므로 부여한 이름이다.

부정물은 보통 쟷물과 맑은 물로 구성된다. 두 물을 한 손에, 북어를 다른 손에 들고 손을 서로 엇갈리어 위와 아래로 올리고 내린다. 발은 좌우로 이동하는데, 가는 방향의 발을 들어 올려서 옮긴다. 부정물에 북어 꼬리를 얹은 채 왼쪽과 오른쪽으로 한 바퀴씩 돌아 마무리한다.

북어 꼬리로 부정물을 찍어서 굿청과 모인 사람들에게 던지듯이 뿌린다. 별다른 춤사위는 아니고 의식에 필요한 단순한 동작에 가깝다. 이어지는 고수레는 부정상은 음식을 잡귀잡신에게 풀어먹이는 과정으로 앞과 같이 음식을 던지는 동작에 가깝다.

소지와 북어를 양손에 갈라 쥐고 부정물과 북어처럼 놀린다. 놀린 뒤에는 종이에 불을 붙여 굿청과 사람들을 둘러낸다. 모두 타고나면 북어를 굿청 밖으로 던진다. 소지에서 북어 던지기도 춤사위가 단순하여 일반적인 행위의 동작에 가깝다.

장삼춤

장삼은 제석굿과 중굿, 철륙은 군웅굿의 복색이다. 모양도 조금 달라서 서로 다른 옷으로 구분된다. 한편 소매가 넓고 길며, 긴 소매를 춤의 도구로 삼는다는 공통점을 지녔다는 점에서 둘을 장삼춤으로 통칭하고자 한다.

제석굿에서 미지가 추는 장삼춤은 다양하고 복합적인 춤사위들이 도드리-자진굿거리-당악의 음악적 틀에서 펼쳐진다. 장삼을 입은 미지가 장삼자락 안으로 손을 넣고 머리 위에서 장삼을 펼치며 춤을 추고, 이어서 제석상을 향하여 무릎을 꿇고 앉은 채 큰 절을 세 번 올리고 나서 일어선다. 이후 자진굿거리와 당악으로 넘어간다.

　장삼춤의 춤사위는 발과 장삼의 두 가지로 정리된다. 먼저 발은 좌우로 이동하는 사위가 기본이다. 부채방울춤과 동일한 방식이다. 당악에서는 한 발을 들고 뛰는 방식이 추가된다. 장삼을 이용한 사위[4]는 네 가지가 나타난다. ①머리 위에서 안쪽으로 감기[5]로 두 손을 머리 위에까지 들어서 뒤쪽으로 감되 몸의 안쪽으로 감는다. 오른손을 먼저 이어서 왼손의 순으로 한다. ②한쪽 팔 어깨에 얹기로 한쪽 팔은 어깨높이 정도에서 옆으로 뻗고 다른 팔은 접어 장삼을 어깨에 걸친다. 도는 동작에서 주로 나타난다. 도는 방향에 맞추어 방향과 같은 쪽 손을 어깨에 얹는다. 오른쪽으로 도는 경우는 오른손을 어깨에 올리고 왼쪽으로 도는 경우는 왼손을 어깨에 올린다. 뻗은 팔의 장삼은 바깥쪽으로 제껴 팔에 걸친다. 어깨에 걸치는 쪽의 장삼도 같다. ③안팎으로 감기로 팔을 들어 얼굴 높이에서 장삼을 안으로 한번 밖으로 한번 감아준다. 오른손을 먼저 이어서 왼손 순이다. ④좌우로 뿌리기로 두 팔을 머리 위까지 들어 좌우로 뿌린다. 양손을 같은 방향으로 진행한다. 이 춤사위는 ①에 이어서 이루어져 ①과 짝을 이루

4　사위는 춤사위의 줄임말이다. 춤사위는 춤의 동작을 말한다. 춤을 구성하는 하나 하나의 동작이 사위가 된다.
5　춤사위의 명칭에 관해 정해진 바가 없으므로 임의로 부여한다. 기준은 동작의 형태를 기준으로 한다.

는 셈이 된다.

　이상의 네 가지 춤사위가 조합되어 장삼춤을 구성한다. 춤사위는 특정한 동작과 장단에 따라 쓰임새가 정해진다. 예를 들어 절을 할 때는 무릎을 꿇고 앉아 ④와 ①사위를 차례로 하며 두 손을 모아 비비며 절을 올린다. 각 장단의 마무리는 ③사위로 왼쪽과 오른쪽으로 각각 한 바퀴씩 돌고 난 후 반절로 한다. ④사위는 당악에서 주로 쓰인다.

　장삼춤이 가지는 의미는 제석신을 대접하는 의식행위라는 점이며 그 기능은 춤이라는 시각적인 전물을 신에게 바치는 것이다. 제석굿에서 장삼춤 앞의 절차인 청배와 당공수, 당놀림에서 말과 노래로 청하여 음식을 대접하고는 이번에는 춤으로써 신에게 바치는 것이다. 제석신을 맞이하는 의식 중에 춤이라는 예술적 측면이 돋보이는 절차이다.

　중굿의 장삼춤은 산이가 중타령 음악에 추는 일종의 허튼춤이다. 장삼 소매를 안쪽으로 감았다고 바깥쪽으로 풀어서 뿌리고, 발을 높이 받쳐 들어서 옆으로 내려 딛는 사위를 주로 사용한다. 소매와 발을 조합하여 여러 사위를 펼쳐낸다. 형식적인 면에서 미지의 춤과 같은 정형화 된 면모를 갖추지는 않고, 산이가 즉흥성을 발휘하여 구성한 결과라고 볼 수 있다.

　군웅굿의 장삼춤은 홍철륙을 입고 올림채 장단에 굿상을 사방으로 돌며 춤춘다. 장삼자락을 양팔에 얹고 앞으로 이동하며 굿상을 순회하는데, 계속 나아가지 않고 각 방위에서 발로 땅을 밟으며 머무르고 다른 방위로 이동할 때에는 도는 방식으로 한다.

　손을 장삼 속으로 넣어서 뿌리는 방식으로 춤사위를 펼치게 되는데, 장삼자락은 양팔에 각각 다른 형태로 얹어진다. 한쪽 팔에 바깥으로 제쳐서 올리면 다른 팔에는 안으로 제쳐서 올리는 방식으로 서로 반대가 된다. 춤의 마무리방식은 앞의 춤과 같은데 도는 방향과 장삼의 방향이 서로 관련된다. 장삼을 감는 방향은 도는 방향과 반대로 한다는 점이 요지이다. 오른쪽으로 도는 경우는 장삼을 왼쪽으로 감는다. 방향으로 보아서 상반되는 듯하지만, 오히려 바람의 저항을 피하는 역할을 한다고 볼 수 있다. 춤사위의 원리가 자연스러움에 바탕을 두고 있음을 깨달을 수 있는 사례가 된다.

전물놀림춤

전물놀림춤은 춤이라고 부르는 것에 이의가 있을 수 있다. 하지만, 전물을 들어서 상에 올리는 단순한 행위가 아니라 반주 음악이 따르고, 손과 발의 동작이 춤사위로 부족하지 않다는 점에서 춤으로 명명하기에 충분하다고 판단된다. 또한, 놀린다는 말은 현장에서 일반적으로 사용되는 용어가 된다. 제석굿의 당놀림과 군웅굿의 방수밟이가 전물을 놀리는 춤의 사례이다.

당놀림은 신을 위한 전물을 상에 차려놓는 것으로 그치지 않고, 들어 보이는 행위이다. 이때 단순히 받들지 않고 춤이라는 예술성이 높은 연행의 갈래를 동원한 것이다. 결국 제석굿에 등장하는 여러 신격을 대우한다는 의미이며 신들에게 춤과 음악을 가지고 전물을 올리는 기능을 한다.

당놀림은 자진굿거리 반주에 놀리기, 돌기, 절하기의 세 가지 동작이 차례로 이루어진다. 놀리기는 전물별로 차이를 보이지만, 돌기와 절하기는 같다. 놀리기는 먼저 양손을 모아서 하다가 양손을 따로 놀리고 다시 양손을 모으는 방식이 된다. 이때 전물에 따라 손으로 직접 드는 방식과 장삼을 바깥쪽으로 손을 감싸 장삼 소매 위에 얹는 두 가지 방식이다. 고깔과 모두를 뜨는 숟가락의 경우는 직접 손으로 잡고 쌀, 시루, 모두부, 과일, 밤과 대추 등은 장삼 소매 위에 얹는다. 원래는 모두 장삼 위에 얹어야 하지만 동작의 편의를 위하여 예외적으로 손에 바로 잡는 것으로 보인다. 두부의 경우는 놀리고 난 후 숟가락으로 떠서 당주나 제가에게 먹인다.

놀리기에서 전물을 받든 손은 위아래나 좌우로 움직여 옮기며 춤사위를 펼친다. 돌기는 왼쪽으로 한 바퀴 오른쪽으로 한 바퀴로 한다. 절하기는 두 손을 모으는 형태로 해서 굿상에 절을 한다. 절하기는 마무리의 의미를 지닌다.

군웅굿 방수밟이 중 장삼춤에 이어서 전물을 손에 들고 굿상을 도는 춤이다. 각각의 방위마다 굿상에 반절을 먼저하고 좌우와 위아래로 놀리는 면모를 지닌다. 발 사위나 진행방식은 앞의 장삼춤과 같다.

도당굿은 마을 단위의 굿으로 전물로 소를 올리는데 군웅굿에서는 소머리를 굿상에 진설하고 미지가 놀리게 된다. 무거운 소머리를 단순히 드는 것이 아니라 춤사위로 표현한다. 희생물이라는 점과 무겁다는 점이 무녀의 부드러운 사위와 대조를 이루는 춤이 군웅굿의 전물놀림춤이다.

소머리라는 전물을 놀린다는 것은 두 가지의 상반된 기능을 한다. 한편으로는 신에게 전물을 올리는 기능이며, 다른 한편으로는 사람들에게 보여주는 기능을 한다. 각각이 지향하는 대상은 반대이고 그 중심에는 무녀가 있다. 춤을 잘 추기 위해서는 무구의 무게나 모양새가 다루기에 알맞아야 하는데 소머리는 두 가지가 모두 부적합이다. 춤을 추는데 무거운 무구가 꼭 필요한 것인가. 이는 춤보다는 신에게 바치는 정성의 무게이고, 굿을 의뢰한 사람들에게 무녀의 우월한 능력을 상징적으로 보여주는 것이라고 할 수 있다.[6]

목검춤

목검춤은 돌돌이에서 산이가 목검을 들고 추는 춤이다. 고사 장소에 이르면, 중타령에 목검을 양손으로 받쳐서 가슴 높이로 올리거나 양팔을 벌려 어깨너머로 넘기듯 걸쳐 잡거나 검과 손을 아래로 내린 채 양방향으로 몸을 감고 푸는 사위들로 춤춘다. 자진굿거리로 넘겨서 춘다. 미지의 부채방울춤과 같이 축원덕담에 앞서 부정한 존재들을 없애기 위한 목적이라고 할 수 있다.

바라춤

미지가 바라를 치거나 돌리며 추는 춤으로 조사보고서에는 제금부정노리춤이라는 명칭도 보인다.[7] 정형화된 장단의 틀에 맞추어 일정한 모양새를 갖춘 춤사위를 구성해 나간다. 반주에는 타악기만이 등장하는 데 장구와 징 편성이다.

바라춤의 전체구성은 치기-춤추기-돌기이다. 첫 번째의 치기는 세 가지이다. '아래-위-아래에서 위'라는 순서로 친다. 아래와 위에서는 각각 한 번을 치고 아래에서 위로 올라가면서는 세 번을 연속으로 친다. 몇 장단을 진행한 후에는 바라를 치지 않고 춤을 춘다. 춤사위에서 발은 좌우로 이동한다. 바라를 든 손은 양손을 서로 엇갈리면

---

[6] 변진섭, 「동막도당굿의 무용학적 고찰」, 『한국무속학』 28, 한국무속학회, 2014, 140쪽.

[7] 바라는 자바라의 일종이다. 자바라는 서양악기의 심벌즈와 유사하여 양손에 각각 하나씩 들고 서로 부딪혀서 소리를 내는 악기이다. 크기가 큰 순서에 따라서 각기 다르게 칭하는데, 자바라, 바라, 제금, 발 등으로 구별한다. 이 중에 제금은 제석굿을 하는데 사용하는 것으로 이를 무속인들은 바라의 줄임말이라고도 관념한다. 경기도 남부지역에서는 바라보다는 제금이라는 명칭이 주로 쓰인다.

서 위아래로 움직인다. 이때 바라는 돌린다. 돌기는 왼쪽으로 한 바퀴 오른쪽으로 한 바퀴로 한다. 도는 동안 바라는 뒤집어서 손으로 잡은 쪽이 아래로 가게 하되 두 개를 서로 포갠 상태로 유지한다. 돌고 난 후에 장단과 관계없이 잦게 치는 것을 신호로 마무리한다.

바라춤은 불교의 작법 중 도량을 청정하게 하는 역할이 있다. 그러한 측면에서 부정놀이춤과 정화라는 공통점을 지니며, 이후 이어지는 절차들을 위해 정화하는 기능을 갖는 절차라고 할 수 있다. 한편 무속에서는 흔히 명복바라라고 하여 인간의 명과 복을 담고 있다고 인식된다.

징춤

군웅굿에서 미지가 징을 도구로 삼아 추는 춤이 징춤이다. 방수밟이하며 올린 전물을 내려놓고 다음에 드는 무구가 징이다. 미지는 징을 두드리며 반절을 하고는 한쪽 어깨에 징을 멘다. 다른 손은 징채를 잡고 옆으로 펼치거나 안쪽 바깥쪽으로 움직이며 춤사위를 펼친다. 발 사위는 부채방울춤과 같다. 각 방위에 이르면 상을 향해 서서 징을 두드리며 반절을 한다. 반주 음악은 부정놀이, 올림채, 겹마치기의 순서이다. 징에 앞서 부채방울, 장삼, 전물을 놀리는 올림춤형의 음악을 모두 사용하는 방식이다.

미지가 징을 들고 두드리며 소리를 하는 절차를 천근이라고 한다. '천근이요'라는 사설에서 절차의 명칭을 삼은 것으로 보인다. '오소사'라고 하는데 이는 누군가, 즉 군웅굿에서는 주신인 군웅신을 부르는 것이다. 징춤은 천근에 앞서 군웅신을 맞이하기 위하여 굿청을 정화하려는 목적을 가졌을 가능성이 있다.

터벌림춤

터벌림춤은 산이가 꽹가리라고도 불리는 쇠를 들고 반설음과 겹마치기 등의 장단에 추을 추며 사방을 도는 춤이다. 좁혀진 굿판을 넓히기 위해 혹은 발로 차는 동작으로 부정한 액을 쫓기 위해 춘다고 한다.

춤의 음악은 반설음, 모리, 넘김채, 겹마치기, 자진굿거리의 순서로 진행된다. 반설음장단에서는 같은 춤사위 및 삼진삼퇴와 방위 전환이 반복되는 반면, 겹마치기와 자진굿거리에서는 삼진삼퇴로 이동하지 않고 여러 동선을 사용하여 공간을 활용하며 춤사위를 자유롭게 구성한다.

터벌림춤은 반설음장단에서의 아래 놀음이 주요하다. 무릎을 펴서 뒤꿈치를 들어 올리듯 하고 무릎을 굽히며 한쪽 다리를 뒤로 접고 접은 다리의 발을 차듯이 펴고 찬 발을 땅에 딛고 반대편 발을 한걸음 보내어 붙인다. 반대편 다리도 반복한다. 네 방향을 순서대로 이동하는데, 한 방향에서 앞뒤로 움직이고 방향이 바뀌는 지점에서는 돌면서 춤을 춘다. 쇠로 먼저 한 장단을 내고 쇠를 치며 앞으로 세 장단 가고 뒤로 세 장단 가고 앞으로 한 장단 가고 방향이 바뀌는 지점에서는 두 장단을 제자리에서 돈다. 방향이 바뀌는 세 지점에서는 꽹과리를 치지 않고 춤만 추며 마지막 방향에서는 모리로 바뀌어 장단의 속도가 빨라지며 마지막 지점에서는 넘김채를 쳐서 겹마치기로 넘긴다. 이후에는 쇠를 연주하기보다는 쇠채에 달린 너슬을 뿌리는 등의 사위로 위 놀음을 주로 하고 발을 받쳐 올리거나 한발을 앞이나 뒤로 딛는 등의 사위로 아래 놀음을 하여 다양한 춤사위를 만든다.

터벌림춤은 특정 굿거리에 속하지 않고 여흥이나 산이들의 기량을 보여주는 목적의 춤이라고 할 수 있다.

깨낌춤[8]

깨낌춤은 두 명의 산이가 각각 쇠와 한지로 만든 술이 달린 신칼을 들고 서로 어깨를 나란히 한 채 추는 춤이다. 쇠의 경우 터벌림과 장단, 동선, 춤사위가 같다. 신칼의 경우는 술이 아닌 칼을 잡는다. 반설음에서는 칼을 아래로 모았다가 한쪽씩 번갈아서 위로 뿌리듯 올린다. 이때 팔과 같은 쪽의 발을 들어서 찬다. 방위를 바꿀 때는 두 칼을 양어깨 아래쪽에 걸치고 회전한다. 겹마치기와 자진굿거리에서는 회전할 때 머리 위에서 신칼을 돌리며, 뛰면서 칼을 각각 몸의 앞뒤에서 감았다 풀기를 반복하기도 한다.

쌍군웅춤[9]

쌍군웅춤은 홍철륙을 입은 미지와 청쾌자에 쇠를 든 산이가 군웅상을 중심축으로 두고 대각으로 마주 선 채 추는 춤이다. 동선, 장단 구성은 터벌림춤과 같다. 앞으로 나아갔다가 다시 뒤로 갔다가 또다시 앞으로 나아가 사각의 모퉁이에서 돌며 방향을 전환하는 방식으로 사방을 돌게 된다. 미지의 춤은 앞의 장삼춤과 같다.

쌍군웅춤은 두 부분으로 구성되는데 연행 방식이 서로 다르다. 앞부분에서는 미지와 산이가 대각으로 서서 대무를 하고, 뒷부분에서는 모두 한 방향으로 돌면서 춤을 춘다. 앞부분이 대무라는 것은 굿상을 사이에 두고 있기는 하지만 앞으로 나아갈 때는 서로 맞서게

---

[8] 깨낌은 손굿과 뒷전에서 나타나는데, 춤사위를 통하여 예술적 면모를 갖춘 손굿의 춤만을 다루고자 한다.
[9] 쌍군웅춤은 보통 쌍군웅이라 부른다. 연행의 주요한 면모가 춤의 방식으로 표출되기 때문에 춤이라고 명명하는 것이 적절하다고 판단된다.

되어 대립의 면모를 보이기 때문이다. 춤의 분위기도 달라진다. 앞은 엄숙한 분위기로 제의적 면모를 보이지만, 뒷부분은 쇠를 치며 갖가지 춤사위를 자유롭게 펼침으로써 놀이적인 면모를 갖추게 된다. 단일한 춤 속에 상반되는 두 가지의 춤이 이어지는 것이다.

활춤

활춤은 활에 화살을 끼우고 쏘는 등의 동작들을 음악과 함께 춤사위로 표현하는 춤이다. 여러 차례 시늉만을 내다가 결국은 화살을 쏘아낸다. 미지는 군웅굿 중 쌍군웅 혹은 방수밟이 다음에, 산이는 군웅노정기와 손님노정기의 말미에 배치된다. 활춤은 화살에 액을 싣는다거나 또는 액을 화살로 맞추어서 좋지 않은 것들을 물리치고 소멸시키려는 주술적인 행위라고 할 수 있다.

활과 화살을 모아 한 손에 잡고 양손을 벌린 채 감고 푸는 춤사위를 하고 앞굽이 자세로 어딘가에 화살을 쏘는 시늉을 몇 번 반복한 뒤에 자세를 풀고 축원덕담을 한다. 이러한 과정은 상황에 따라 여러 차례 반복된다. 마지막에는 실제로 화살을 쏜다. 활춤은 자진굿거리로 반주한다.

활춤은 활놀이라고도 한다. 활놀이라고 하는 이유는 일방적으로 상대에게 향하지 않고, 상대의 관심과 반응을 적극적으로 끌어내어 소통함으로써 결국은 함께 목적을 이루려는 방식이기 때문이다. 쏘는 시늉이 위주인 춤과 말로 하는 축원이 소통을 위한 방식이며 장치이다.

미지와 산이의 활춤은 외형적으로 거의 같다. 다만, 미지는 제의성이 강하다면, 산이는 오락성이 강하다는 차이가 있다. 미지의 활춤이 엄숙한 분위기 속에서 액을 물리치기 위한 정성을 올리는 모습이라면, 산이의 경우는 별비를 놓고 밀고 당기는 모습이 보는 사람에게 재미를 주는 놀이와 같다. 춤과 춤 사이에 말을 하는데, 말을 하는 방식에 있어서 차이가 난다. 미지는 공수와 유사하여 일방적인 전달 방식이지만, 산이는 묻고 답을 하는 방식이다.[10] 미지는 제의성에 중점을 두고, 산이는 놀이성에 치중한다고 할 수 있다.[11]

쇠춤

산이가 쇠(꽹가리)를 무구로 삼아서 추는 춤이다. 터벌림, 깨낌춤, 쌍군웅에서도 산이가 쇠를 사용하는데, 이들과 다른 춤을 가리킨다. 손님노정기와 군웅노정기의 마지막에 잡귀잡신 등을 물리는 의미로 쇠를 요란하게 울리며 춤사위를 펼치는 형태이다.

자진모리장단을 치면서 앞이나 뒤로 이동하고 발을 받쳐 올리거나 한 발을 앞으로 딛기도 하며 연풍대를 돌기도 하며, 쇠와 채를 어깨 위로 들어서 뒤로 넘기듯 제치는 형태도 보여준다. 정형화되어 있지 않고 즉흥적이고 자유롭게 춤사위를 구성한다고 볼 수 있다. 쇠춤에는 선율악기를 편성하여 자진굿거리를 연주한다.

맨손춤

굿거리의 마지막에 맨손을 무구로 삼아 추는 춤이 맨손춤이다. 주

---

10 미지는 자신의 말을 "들어라"는 식의 방식이다. 한편 산이는 "넌 왠 수비냐?"라고 묻고는 사람들에게 술을 권하는 방식이다.
11 둘 다 별비를 추렴하는 대목이지만, 산이가 훨씬 적극적이고 노골적으로 요구한다. 활로 액을 물리친다는 점을 빌미로 삼아 굿을 의뢰한 사람들과 끊임없이 대화를 시도하면서 그들을 굿판으로 적극적으로 끌어드려서 별비 추렴에 나선다.

요한 의식절차를 마치고 아무런 무구도 들지 않고 손으로 사위를 펼치는 과정이다.

이 춤은 미지가 주로 추는데, 당놀림에서 전물을 양손에 들고 놀리는 사위를 맨손으로 하는 방식이며 발 사위도 같다. 맨손으로 춤을 추며 굿판 밖으로 내보내는 의식적인 동작을 하고 좌우로 한 바퀴씩 돌고 손을 바깥으로 뿌리면 끝이 난다. 반주 음악은 자진굿거리이다.

맨손춤은 굿이 끝났음을 알리면서 신을 돌려보내는 의미가 있고 그런 점에서 모든 의식을 마치는 마무리의 행위이기도 하다. 부채방울을 들고 부정놀이장단으로 추는 춤과 별도의 무구가 없이 자진굿거리의 반주에 추는 마지막의 춤은 굿의 구성면에서 서로 대구를 이룬다.

4. 춤의 분류

춤을 분류하는 기준은 무구, 춤사위, 복색, 기능 등으로 여러 가지이다. 이 글에서는 춤이 수행하는 기능을 중심에 두고 정리해 보고자 한다. 경기도 도당굿 춤의 기능은 시작, 청신, 부정풀이, 맞이, 올림, 마무리가 있다.

굿을 시작하는 춤은 도당굿이라는 큰굿 갈래의 층위에서는 당주굿에 나오는 춤이나 굿청을 가는 도중의 거리부정에 편성된 부정물림춤이 될 수 있다. 한편 굿거리에서 시작의 춤은 부채방울춤이다. 시간적인 의미 이외에 신을 맞이하기 전에 정화의 기능도 가졌다고 볼 수 있다. 부채방울춤은 청배무가 앞에 위치한다. 시작과 정화를 위한 춤에는 이외에도 고사의 축원덕담 앞의 목검춤, 제석과 관련된 신을 청하는 당공수 등의 절차들에 앞선 바라춤, 군웅신을 부르는 천근소리 앞의 징춤이 있다. 이 춤들은 신을 청하는 의식 앞에 위치하였다는 점에서 춤이라는 다른 연행 요소로 청신이라는 같은 목적도 갖는다고 볼 수 있다.

굿의 중요한 기능 중의 하나가 제액, 즉 나쁜 존재들을 없애는 일이다. 직접적 혹은 적극적인 경우도 있고, 소극적이고 간접적인 경우도 있다. 부채방울춤 등 앞서 소개한 춤 들은 간접적인 방식이 된다. 이에 비하여 부정물림춤, 활춤, 쇠춤, 정업이와 깨낌은 적극적인 제액 의식이다. 불로 태운 결과물인 재와 맑은물로 씻어내는 부정물림, 활에 건 화살에 사람들의 걱정과 근심 등 문제점들을 담아서 쏘아 멀리 보내는 활춤, 날카로운 금속성의 소리로 쫓아내는 쇠춤, 마을의 온갖 액을 품은 정업이와 씨름하여 물리치고 불태워버리는 깨낌은 춤사위과 그 행위 자체의 모습이 부정한 것들을 물려내고 액을 풀어서 없애려는 목적을 분명하게 드러낸다.

신을 맞이하기 위한 춤이 있다. 손굿의 깨낌춤과 군웅굿의 쌍군웅춤이다. 손님신은 병을 품어서 마을에는 좋지 않다. 하지만, 거부할 수도 없다. 그러니 정성을 다해 맞이하여 조금이라도 피해를 줄여주었으면 하는 바람을 담고 있다. 군웅신은 큰 기운으로 마을의 액을 쫓아줌으로 유익한 존재이다.

부탁하기 위해서는 상응하는 대가가 필요하다. 굿거리에 따라 차린 굿상의 주신이 좋아하는 음식이 그 대가이다. 이 전물들을 신이 즐겁게 흠향하도록 하나하나 들고 춤이라는 예술적 요소를 통하여 바치는 것이다. 제석굿의 당놀림과 군웅굿의 방수밟이가 올림을 위한 춤이다.

굿거리의 마지막은 아무런 도구가 없이 맨손으로 추는 춤이다.

VI
경기도 도당굿의 전승과 전망

경기도 도당굿은 1990년도에 국가무형문화재로 지정되었다. 경기도 남부굿의 주요 연행자이고 증인이었던 이용우는 1987년에 작고함으로써 안타깝게도 인정에 이르지 못하였다. 지정 당시 조한춘과 오수복이 인간문화재로 인정되었다. 하지만, 조한춘을 비롯한 산이들마저도 1990년대를 넘기지 못하였다. 다행히 1991년에는 KBS와 국립국악원 주관으로 도당굿 전 바탕을 녹음하고, 1998년에는 민속촌에서 국립문화재연구소가 녹화하여 음원과 영상 및 책자로 제작하였다.

이후에 오수복과 함께 방돌근이 장구와 피리, 청배 등의 역할을 담당하며 2000년대를 맞이한다. 그 시기에 맞물려 보존회는 수원의 고색동, 평동, 영동시장의 도당굿을 복원하고, 부천 장말을 유지하며 굿판의 기반을 마련한다. 오수복을 중심으로 활동하던 기존의 회원들은 수원과 화성은 물론 서울 등지를 누비던 이름난 무당이고 악사들이었다. 여기에 젊은 연주자들과 춤꾼들이 참여하면서 경기도도당굿보존회가 활기를 갖게 된다.

2003년에는 화성시 신외리와 군포시 영당 도당굿을 복원하게 된다. 아쉽게도 이후부터 현재까지 더 이상의 성과는 없는 상황이다. 이즈음 보존회가 주관하지는 않았지만, 우음도도당굿도 복원된다.

해마다 여러 무당네가 참여하였고, 그중에는 보존회원들도 주요한 역할을 했다. 같은 무속 권역이고 이미 이전에 참여했었기 때문이다.

인천의 동막은 갯벌과 들판, 그리고 할머니 할아버지 당이 있던 소나무숲이 콘크리트 건물과 도로로 바뀌며 흔적을 찾을 수 없다. 2013년부터 2017년까지 복원과 재현을 위한 굿과 공연이 이루어졌고, 현재까지 큰 성과는 없지만, 여전히 진행 중이다. 부천 장말도당굿은 세월에 따라 주민들과 함께 참여자가 줄어드는 형편이다. 다행스럽게도 2024년 굿에 장선수 도당할아버지의 아들이 후계자로 나서서 당을 지켰다. 다음 세대로 이어지는 긍정적인 신호로 보인다. 수원의 평동과 고색동은 마을 주민들이 나서서 굿을 준비하고 의뢰인이며 동시에 주체로서 그 역할을 다하고 있다. 영동시장 거북산당은 주체가 불분명하다. 거북산당은 영동시장과 함께 시작되었지만, 주변에 최소 여섯 시장이 있고, 당은 패션일번가에 속한다. 그렇다 보니 주체가 불분명한 상황이다.

마을굿을 비롯하여 교육과 행사 등 다양한 활동을 펼치고, 2010년대에 들어 부침을 겪었지만, 2021년 사단법인 국가무형유산 경기도도당굿보존회를 결성하며 새로운 모습으로 나아가고 있다. 물론 순탄치만은 않다. 산이들이 담당하는 여러 절차가 주요한 특징이라는 점에서 관련된 의식의 연행에 대한 보완이 시급하기 때문이다. 아울러 굿판의 약화도 간과할 수 없는 문제이다. 이는 연행자들의 능력과는 다른 측면이다. 마을 주민들 스스로 굿을 하려는 의지가 있느냐는 것이다.

그동안 축적된 자료와 연구성과를 바탕으로 경기도 도당굿의 전체라고 할 수 있는 전형을 만들어야 한다. 세상과 단절된 그 자체만의 모습이어도 우선은 별문제가 없다. 오롯이 '이것이 경기도도당굿이구나'라고 보이면 된다. 굿거리 구성, 굿거리별 절차들, 가무악희의 연행

요소들이 경기도 남부지역의 독자적인 면모를 갖추도록 해야 한다.

화성과 수원 등지는 단골판이 철저하여 마을마다 정해진 무당과 굿패가 있었다고 한다. 마을에서는 무당이나 굿패와 협의하여 굿을 정하는 방식이었다. 그러므로 모든 준비는 마을의 몫이었다. 하지만, 현재 단골판은 물론 마을굿에 대한 필요성과 인식이 거의 사라진 상황에서 마을과 단골무당의 상호관계가 형성되기는 매우 어렵다. 국가나 지방 자치단체의 지원을 받지 않고서는 사실상 불가능하다. 이러한 의존적인 상태는 형식적인 행사의 차원에서 머물 가능성을 높일 수 있다. 비용도 중요하지만, 주민들이 굿에 대한 당위성을 가져야 한다. 스스로 갖기는 쉽지 않다. 굿을 잘 모르고 알아야 할 필요성도 느끼지 못하기 때문이다. 굿이 가지고 있는 노나메기의 전통을 지역민으로서의 자부심으로 일깨워주고, 내가 속한 마을이 발전하고 살기 좋은 곳이 되기 위한 실질적인 지원을 끌어낼 방법의 하나가 도당굿이 되도록 해야 한다.

굿패와 의뢰인은 깊은 상관성을 지닌다. 도당굿은 마을굿이므로 마을 주민과 함께해야 비로소 완성되는 상생 관계인 것이다. 전통문화의 보존이라는 명분으로 시작하여 현재에 도움이 되는 지역문화로서의 가치를 서로 만들어야 한다.

신의 세계에 살았던 시대와 스마트폰 속에서 사는 시대의 굿은 어떤 차이가 있는지 깊은 고민이 필요한 때이다.

부록

진쇠 장단, 춤, 굿거리 절차*

1. 머리말

진쇠는 경기도 남부굿에 등장하는 장단의 명칭으로 춤의 반주에 사용된다. 장단과 춤이 결합하여 제석굿에서 신을 맞이하거나, 새남굿에서 망자 천도의 길을 안내하는 절차가 된다고 전해진다. 하지만, 현재는 굿에서 연행되지 않고 실제 연행된 자료도 없다는 점이 문제가 된다. 그럼에도 '진쇠 장단'과 '진쇠 춤'으로 널리 알려져 음악과 무용적인 측면에서 자주 활용이 되고 있다.

지금까지 진쇠의 음악과 춤 자체는 확인이 되었지만, 진쇠춤의 유래와 의식 절차 등과 관련된 단편적인 정보만 전하고 있을 뿐 굿에서의 연행은 발견되지 않았다. 지금까지의 자료를 가지고 진쇠라는 음악을 사용하는 진쇠춤이 구체적으로 굿의 어디에 위치하며, 어떤 역할을 하는지 특정하기는 어렵다. 굿의 절차에서 사라진 이유와 과정을 명확하게 알 수는 없지만, 진쇠에 대한 연구의 필요성은 충분하다

---

* 이 글은 변진섭, 『민속학연구』 56, 국립민속박물관, 2025를 일부 수정한 결과이다.

고 생각된다.

하나는 전승이 계속되고 있다는 점이다. 굿에서는 아니지만, 지금도 음악작품과 민속춤으로 활용 및 전승되고 있다. 창작품들이 항상 본래의 취지와 성격에 맞아야 할 의무는 없지만, 원형에 대한 이해를 토대로 한다면 작품 범위를 확장하고 주제를 보다 선명하게 표현할 수 있다. 굿에서의 진쇠는 굿판 밖 진쇠의 토대이자 길잡이로서 역할을 할 수 있다. 다른 하나는 굿의 지역적인 독자성을 보여준다는 점이다. 굿에서 의례의 주도자는 일반적으로 무녀인데, 경기도 남부굿의 경우 무녀가 아닌 음악 등을 담당하는 산이의 역할이 상대적으로 많다는 특징이 있다. 결국 진쇠는 산이들이 주도하며 담당하는 기능이 무녀인 미지보다 많아지는 독자적인 속성에 일조하게 되며, 이러한 독자성이 생겨난 원인을 밝히는데도 기여할 것으로 예상된다.

진쇠에 대한 이제까지의 연구는 크게 세 가지 방향에서 이루어졌다. 장단의 외형적인 면모에 대한 소개이다. 한 장단을 이루는 박자의 구성을 소개하는 데에 주력하였다.[1] 춤에 관한 연구로 춤사위와 장단의 구성에 관한 주제를 중심으로 비교적 활발하게 진행되었다.[2] 창작곡 중 진쇠 사용 양상에 관한 연구이다.[3]

---

[1] 임수정, 『한국의 무속장단』, 민속원, 2020; 김창석, 「진쇠춤 장단의 연구 고찰」, 단국대학교 석사학위논문, 2007; 최스칼렛, 「지영희의 『지영희민속음악연구자료집』 중 경기무속 장단 연구」, 한국예술종합학교 예술전문사학위논문, 2009.

[2] 양한, 「정인삼 진쇠무 연구」, 『국악교육연구』 4(2), 한국국악교육연구학회, 2010; 한수문, 「김숙자류 경기시나위춤에 관한 고찰」, 『공연문화연구』 21, 한국공연문화학회, 2010; 이사빈, 「진쇠춤의 현대적 전승양상 연구」, 중앙대학교 석사학위논문, 2017; 임윤희·조남규, 「재인(才人) 이용우의 삶에 내재된 춤의 예술적 가치」, 『한국무용과학회지』 38(4), 한국무용과학회, 2021.

[3] 이영호, 「대아쟁 독주곡 〈마음〉의 음악연구」, 한국예술종합학교 예술전문사학

진쇠는 장단의 길이가 길다는 점이 특징이며, 부수적으로 짝을 이루는 장단들이 있다. 긴 길이의 장단에 내적으로 존재하는 운영의 방식 및 부수적인 장단들과의 결합방식을 탐구하는데 이르지 못했다. 춤의 경우는 춤 자체에 집중되어 굿과의 관련성을 간과하였다. 창작곡 속의 진쇠는 변형된 사례가 많음에도 불구하고 원형과의 비교분석 없이 작품 자체에 굿의 요소가 사용되었다는 점만이 강조되었다. 선행연구는 단편적이고 표면적인 접근이라고 할 수 있다. 정작 주요한 문제는 굿 절차의 관점에서 시도된 연구가 없다는 점이다. 현재의 굿에서 진쇠를 찾을 수 없었기 때문에 당연한 결과일 수 있지만, 진쇠라는 본질에 도달하기에는 미흡하다고 보인다.

본 연구의 목적은 진쇠의 전모를 밝히는 데 있다. 첫째는 장단과 춤이라는 연행적인 면모이고, 둘째는 진쇠가 굿 절차로써 지니는 기능이다.

진쇠 장단은 독자적으로 연주되지 않고, 다른 장단들과 일정한 원리로 짝을 이루어 나타난다. 진쇠라는 이름을 장단을 본장단이라고 하면 전후로 빠르기나 박의 구성이 다른 장단들이 배치된다. 본장단은 연행자에 따라 서로 다른 면이 확인된다. 서로 다른 장단들을 종합하여 공통부분에 근거한 기본꼴과 박자들의 구성원리를 탐색한다. 춤에 따라 차이를 보이는 모리 등의 부수되는 장단들도 종류와 결합 형태를 밝힌다.

진쇠 춤은 이용우, 김숙자, 이동안 세 가지가 전한다. 홍철릭을 입느냐, 꽹가리를 무구로 사용하느냐라는 복장 및 무구를 기준으로 삼

위논문, 2015; 이소연, 「임준희 작곡 〈독주가야금과 합주가야금, 타악을 위한 혼불 Ⅵ-무(巫)〉 분석 연구」, 한국예술종합학교 예술전문사학위논문, 2019.

아 다시 두 가지로 구분할 수 있다. 각 춤의 연행을 정리하고 상호 비교하여 굿에서 행해진 춤의 면모를 추적한다.

굿 절차로써의 진쇠이다. 절차가 모여 굿거리, 굿거리가 모여서 도당굿과 같은 층위의 큰굿이 된다. 절차는 굿 하위의 단계로 음악과 춤 등의 연행요소들이 모여 이루어진다. 때문에 의례적인 측면에서의 면모가 구체적으로 드러나는 대목이다. 굿의 절차에서 작동한다는 말은 진쇠가 의식의 한 부분으로 작동한다는 것이 된다. 제의적이든 놀이적이든 어떤 기능을 한다는 의미이다.

제석거리, 당산제의 군웅굿, 천도 새남굿이 열리는 판에서 추는 진쇠춤은 먼 옛날 부왕의 치병 기원을 위한 두 딸의 기원에서 비롯되었다고 하고 혹은 궁 안에서 고관들이 놀이로 추었다고도 전해온다. 진쇠와 구체적이고 직접적으로 만나려면, 새남굿의 어떤 굿거리인지 군웅굿의 몇 번째 절차인지에 대한 탐구가 필요하다. 춤과 음악을 종합한 연구결과가 위에 제시된 굿들과 관련이 있는지 또는 합치 가능한지 검토하고, 그 과정을 통해 진쇠가 속한 의식절차와 해당의식에서 담당하는 기능을 탐색한다.

연구를 위한 대상자료는 진쇠장단이나 춤의 연행자가 증언이나 연행으로 만들어진 결과물들로 조사보고서, 친필 기록, 음원, 영상의 형태이다. 진쇠춤의 유래, 장단과 춤의 실제 면모, 소략하지만 굿에서 진쇠의 위치 등이 담겨 있다.

자료는 문헌, 음원, 영상이라는 세 가지 형태로 전승된다.[4] 제보자들의 증언이 정리된 조사보고서와 친필문서,[5] 시연이나 공연을 통한

---

4 자료 제시는 지면의 분량을 감안하여 각주로 대신하고, 이후 본문에서 주제에 따라 구분하여 보여주고자 한다.

음악,[6] 굿과 관련된 춤이다.[7] 연구에 사용된 주요 자료는 다음 표와 같다.

〈진쇠 관련 자료〉

형태	자료명	주요 제보자 또는 연행자
문헌	진쇠장단외 十一장단	이용우, 지영희
	무악	지갑성
	안성무속	김숙자, 이용우
	수원지방 무의식	이용우
	지영희민속음악연구자료집	지영희
	경기도도당굿	조한춘, 오수복
음원	경기무악	지갑성
	경기시나위	지갑성
	지영희 육성녹음	지영희
영상	이용우 진쇠춤	이용우, 정일동(?)
	김숙자 진쇠춤	김운선, 양길순, 정일동
	이동안 진쇠춤	이동안, 사물놀이

---

5 박헌봉, 「진쇠장단외 十一장단」, 『무형문화재조사보고서』 제28호, 문교부, 1966; 심우성·이보형, 「安城巫俗(경기시나위춤)」, 『무형문화재조사보고서』 제121호, 문교부, 1976; 유기룡, 『무악-민속악체계정립자료집』 제3집, 한국문화예술진흥원, 1980; 정병호·이보형, 「수원지방 무의식」, 『한국민속종합조사보고서』 제14책 무의식편, 문화재관리국, 1983; 이두현 외 3명, 「경기도도당굿」, 『무형문화재조사보고서』 제186호, 1990; 지영희, 성금련 편, 『지영희민속음악연구자료집』, 민속원, 2000.

6 〈경기무악〉(국립문화재연구소, 2000), 〈경기 시나위(도당굿)〉(KBS소장, 1977), 〈지영희 육성녹음〉(생성시기와 소장처 미상).

7 〈이용우 진쇠춤〉(제10회 한국명무전, 1984년 6월 28일, 국립극장, 천승요 촬영), 〈김숙자류 진쇠춤〉(우이동도당굿, 1986, 우이동산장, 천승요 촬영), 〈이동안 진쇠춤〉(한국명무전2, 1983년 3월 23일~24일, 세종문화회관대강당, artskoreatv.com).

증언을 통해 진쇠가 등장하는 굿 제차와 갈래의 정보를 얻을 수 있다. 연주 음원은 장단의 면모를 보여주는 주요한 자료로써, 진쇠장단을 비롯한 진쇠춤을 이루는 장단들의 전체구성이 나타난다. 춤에서는 춤과 장단이 결합된 진쇠 자체를 볼 수 있다. 이상의 자료들에서 확인되는 진쇠의 면모가 서로 다르다는 점이 문제이지만, 실제 굿에 남아있지 않는 부분을 보완할 수 있는 소중한 연구의 원천이 된다.

2. 진쇠의 어의, 유래와 변화

신복을 갖추어 입은 채 짜임새 있고 세련된 장단들의 흐름에 따라 발을 들어 옆으로 옮기며 팔을 천천히 올려서 한 번에 철륙자락을 뿌리는 절제되고 유장한 춤사위를 넓은 굿판 위에서 펼쳐내는 산이의 춤이 바로 진쇠춤이다. 장단, 춤, 절차라는 구체적인 모습을 찾기 위한 본격적인 연구에 앞서 명칭과 춤의 유래와 변화라는 생성 내력에 대한 정리가 요구된다. 굿 의식 절차로써의 진쇠를 탐구하는 데 지표가 될 것으로 예상된다.

1) 진쇠의 어의

진쇠의 어의나 의미는 거의 알려저 있지 않다. 진쇠장단과 진쇠춤에 관한 연행자들의 제보에도 진쇠가 어떤 의미인지에 대한 정보는 확인할 수 없는 실정이다. 다만, 긴쇠[8]라는 이칭과 징의 박수가 12번

---

8 《경기무악》 CD4 트랙15의 제목이 '긴쇠 및 중타령'이다.

이라는 점에 근거한 진쇠十二채[9]라는 명칭이 있다.

 장단이므로 여타의 장단들을 대상으로 그 명칭을 찾아보도록 한다. 장단을 의미하는 용어는 채, 마치, 모리, 몰이 등이 붙는다. 일정한 규칙을 찾기 어려울 만큼 종류가 다양하다. 하지만 아직까지 '쇠'가 들어가는 사례는 진쇠 이외에 확인되지 않는다. 어쩌면 유일한 사례가 될 수 있다.

 '긴쇠'라는 명칭이 있다. 1974년에 경기 무악의 명인들이 녹음한 자료인 〈경기무악〉 제목에 '긴쇠'가 등장한다. 이 사례 이외에 모두 진쇠라고 부르기 때문에 오기일 가능성도 존재한다. 하지만, 진쇠의 길이가 지영희의 "진쇠 拾二채는 박이 무속장고 중 제일 많고"[10]와 같이 경기도 남부 무속에 등장하는 다른 장단에 비하여 길다는 점에서 사용했을 가능성을 반대로 제기할 수도 있다.

 '긴'은 길다는 의미이고, '쇠'는 꽹가리를 가리킨다고 볼 수 있다. 진쇠장단의 길이가 다른 장단에 비하여 길고, 쇠가 악기가 아닌 장단이라면 가능성은 존재한다. 긴쇠인데, 진쇠로 발음이 변화되었다고 볼 수 있다.[11] 길이 질로, 형님이 성님으로 변화된 사례와 맥이 통한다. 농악에서 길굿을 질굿으로 부르는 사례도 포함된다. 장단은 사실상 명칭이 없는 경우도 많다는 점에서 다른 장단에 비하여 박자 수가 많아 상대적으로 길어진 형태에 기인하여 부여했다는 가설도 타당성을 가질 수 있다고 생각된다.

 한편으로 진쇠를 꽹가리라는 악기라고 인식하기도 한다. "이 춤은

---

9 지영희 저, 성금련 편, 앞의 책, 353쪽.
10 앞의 책, 같은 쪽.
11 일종의 구개음화로 볼 수 있다.

원님들이 진쇠를 들고 추었다 해서 붙여진 이름이라 한다."[12] 농악 등 꽹가리를 사용하는 예능에서는 현재까지 발견되지 않은 명칭이다.

'진쇠'라는 용어의 의미가 중요하지만, 논란 혹은 추정을 그대로 두고 실제 연행의 면모에 대한 다양하고 부분적인 자료를 모아 온전함을 도출하는 일이 우선되어야 한다.

2) 진쇠춤의 유래와 변화

가. 관련 자료

진쇠춤이 생겨난 이유와 이후 변화의 면모에 관한 증언이나 제보가 전한다. 해당 자료는 〈진쇠장단외 十一장단〉, 〈경기시나위(도당굿)〉, 〈한국의 명무〉, 〈경기도도당굿〉의 4가지이다.

〈진쇠장단외 十一장단〉에는 다음의 이야기가 기록되어 있다.

① "古代 堯임금이 臥病하여 百藥이 無效인데 孝誠이 至極한 娥皇 女英 두 딸이 病으로 신음하시는 王을 위해서 굿을 하는데 地○書 王(?)書로 答을 아뢰어 神祝을 하니 天佑神助로 病이 낳았다고 하며 이 기쁨을 감추지 못한 王은 일어나 춤을 추니 十大臣이 樂士가 되어 장단을 치고 宮女들은 따라서 춤을 추었다고 하는 傳說이 있다. 그런데 後世 巫堂들이 이 장단과 춤을 본받아 추게되어 하나의 巫樂과 巫舞로 形成되였다고 한다. 前記 臥病中 神祝을 들일때는 「진쇠장단」에 「진쇠춤」이었고 完快以後 王이 추었다는 춤은 「터버림장단」에 「터버림춤」혹은 「반서리장단」에 「설춤」이라고도 한다."[13]

---

12 윤미라, 『李東安 진쇠춤』, 삼신각, 1992, 21쪽.
13 박헌봉, 앞의 글, 878~879쪽.

② "아황 여영 두 王女가 父王의 病患이 낫기를 기원하여 추었다는 춤으로 現 토당굿[14]이나 제석굿에서 춤."[15]

중국 고대의 신화적 인물인 요임금이 병이 났을 때 두 딸인 아황과 여영이 신축을 하여 완쾌되었는데, 신축 중 추었던 춤이 진쇠춤이며 진쇠장단을 사용하였다는 것이다. 이후 무당들이 굿의 음악과 춤으로 만들었다는 것이다. 이 춤은 도당굿이나 제석굿에서 연행된다고 하였다.

병의 쾌차가 목적이라는 점에서 병굿의 기원이라고 볼 수도 있다. 도당굿과 제석굿은 위계가 서로 다르다. 도당굿이라는 큰굿 속에 제석굿이 포함되므로, 도당굿의 제석굿이라고 보아야 타당하다. 진쇠춤의 원조가 아황 여영이 된다. '아황 여영'의 내력은 경기도 오산의 무부 김종만의 제보[16]에서 처음 확인된다.[17] 요왕의 공주인 아황과 여영이 백성들을 위하여 민가에서 기도한 것으로부터 굿이 시작되었고, '이 굿이 뉘 굿이냐 아왕여영의 굿이로다'로 무가를 부르는 이유라는 것이다. 이 설화에 따르면 진쇠는 굿이 생겨나기 전에 이미 생겨났다고 볼 수 있게 된다.

---

14 토당굿은 도당굿의 오기로 보인다. 하지만, 보고서 원문을 유지하는 의미에서 '토당굿'으로 표기하고자 한다.
15 앞의 책, 889쪽.
16 적송지성·추엽융, 심우성 옮김, 『조선무속의 연구』 하권, 동문선, 1991, 15쪽. '김종만'은 이종만의 오기로 보인다. 해당 문헌 중 오산 지역의 주요 제보자는 이종만과 그의 가계이기 때문이다.
17 '아왕 임금아'라고 하여 아황 여영과 유사한 무가 사설은 서울, 경기 이남, 충청남도, 전라도, 경상 서남, 제주도 등 전국적인 분포를 보인다.(임니나, 「공심 무조권(巫祖圈)과 무조신(巫祖神)의 재해석」, 『한국고전연구』 27, 한국고전연구학회, 2013, 225쪽.)에 노래한다.

〈경기시나위(도당굿)〉 중 진쇠에 대한 설명 속에 유래가 확인된다.

"요 다음에는 진쇠라는 국악을 보내드리겠습니다. 그러면 이건 어디에서 쓰는 거냐 허며는, 옛날에 궁 안에서 각 골 원님들, 고관들이 모여서 춤추며 노시든 음악입니다."[18]

진쇠춤이 추어진 장소와 연행자를 밝히고 있다. 왕이 살고 있는 궁이 무대가 되고, 고을 원님이나 높은 벼슬에 오른 고위 관리들이 춤꾼이 되었다는 것이다. 춤을 추며 놀았다고 하니, 제의 등 특정한 목적을 지닌 의례이기보다는 단순히 즐거움을 위한 목적임을 알 수 있다.

〈한국의 명무〉 해설 중에 "(진쇠춤은) 옛날에는 궁에서 경사 있을 때 대감들도 추었지, 소소한 사람은 못 추었어"라는 내용이 있다.[19] 춤을 춘 장소는 궁이고, 춤을 춘 때는 경사가 생겼을 때이고, 춤을 춘 사람은 대감들과 같이 소소하지 않은 사람들이라는 것이다.

〈경기도도당굿〉에는 유래와 변화에 관한 이야기가 전한다. 진쇠춤은 나라가 풍년이 들었을 때 王이 각지방의 원님들을 불러 향연을 베풀고 百官들이 보는 가운데 원님들에게 춤을 추게 하였는데 이때 경기도 사또들은 진쇠가락에 맞추어 춤추므로 훗날 재인청 광대들에게 이 춤이 전수되어 경기도 민속춤의 하나가 된 것이다. 진쇠춤은 경기도 무속장단에 추는 춤이므로 도당굿의 군웅굿에서도 軍雄마마를 즐겁게 해드리기 위해서 추어진 娛神舞가 되었다고 전한다. 왕이

---

18 〈경기 시나위〉, 지갑성 자택, KBS소장, 1977. 두 번째 트랙에서 지갑성이 증언한 내용이다.
19 구희서 글·정범태 사진, 『한국의 명무』, 한국일보사출판국, 1985, 216쪽.

개최한 향연에서 원님들이 진쇠춤을 추었고, 이후 재인청 광대들의 민속춤과 도당굿의 오신무가 되었다는 것이다.

나. 진쇠춤의 유래

진쇠춤의 유래를 생성 시기, 생성 이유, 연행담당자의 관점에서 접근할 수 있다.

진쇠춤의 생성 시기는 아주 옛날과 옛날이라는 두 가지로 나타난다. 아주 옛날은 요임금의 사례이고, 옛날은 원님이나 고관들의 사례이다. 모두 시기를 확정할 수는 없다. 요임금은 아직 실증되지 않은 전설이고, 옛날은 어느 시대인지 특정되어 있지 않기 때문이다. 하지만, 구비(口碑)가 문헌이나 비(碑) 등의 내용보다 신뢰성이 떨어진다고 할 수 없다는 점에서 증언을 담은 기록은 진쇠의 실체를 밝히는 소중한 자료임에 틀림이 없다.

진쇠춤이 생겨난 이유는 병 치료와 여흥의 두 가지로 나타난다. 하나는 병을 치료하기 위해 벌인 신축에서 주요하게 추었던 춤이 진쇠춤이었다는 것이다. 다른 하나는 경사 등이 생겨 나라에서 잔치를 열었을 때 순수하게 즐기기 위해 추었다는 것이다.

진쇠춤을 추는 사람, 즉 연행의 담당자는 아황과 여영, 고을 원님, 고관, 대감 등이다. 크게 두 계층으로 분류할 수 있다. 아황과 여영은 요임금의 딸들이니 왕족에 속한다. 원님, 고관, 대감은 왕족은 아니고 관직의 위계가 높은 인물들이다. 이후 변화되어 굿 의례의 한 절차로 정착이 되었지만, 원래는 굿에만 국한되지 않았고 굿 이외의 다른 장소에서 신분적으로 상류층의 인물들이 추었던 춤이라고 추정할 수 있다.

다. 진쇠춤의 변화

진쇠춤의 발생과 정착의 변화는 다음과 같이 요약이 된다.

① 병을 치료하기 위한 신축의 춤 ⇒ 장단과 춤을 본받아 무악과 무무로 형성
② 궁 안에서 고을 원님이나 고관들이 노는 춤 ⇒ 재인청의 광대춤, 굿의 춤(천도새남굿, 도당굿 제석거리와 군웅거리의 춤)

①은 시작과 결과가 모두 의례이고, ②는 오락에서 의례로 변화된 형국이다. 시작과 결과의 변화 과정에 대한 근거는 "장단과 춤을 본받아"[20]라든가 "진쇠춤은 경기도 무속장단(진쇠가락)에 추는 춤이므로"[21]라는 기록들이다. ①과 ② 모두 시작부터 진쇠장단을 사용하는 진쇠춤이었다. 이를 ①은 단순히 본받았고 ②는 경기도의 원님들이 경기도 무속에서 사용되는 진쇠가락에 춤을 추었기 때문에 훗날 (경기도)재인청의 민속춤과 굿의 춤이 되었다는 것이다. 하지만, ①는 구체적인 변화 과정에 관한 내용이 없고, ②는 선후 관계가 타당하지 않다는 점에서 상관성을 당장 증명하기는 어려울 것으로 보인다.

변화는 두 가지로 정리할 수 있다. 하나는 병굿이 재수굿으로 변화되었다는 것이다. 진쇠춤의 시작은 병굿이 되는 것이다. 발생 된 계기는 병의 치료이지만, 무당의 굿으로 전파되면서 복을 비는 기능으로 변화된 것으로 보인다. 도당굿이나 제석굿은 마을의 안녕이나 자손의 명복이 주요한 목적이기 때문이다. 다른 하나는 오락을 위한 춤

---

20 박헌봉, 앞의 책, 878~879쪽.
21 이두현·장주근·정병호·이보형, 앞의 책, 40쪽.

이 굿이나 예술작품으로 변화되었다는 것이다. 원래 경기도에서 사용되던 가락을 활용하여 고을 원님 등이 춤을 추었는데, 훗날 경기도의 재인과 무당이 자신들의 상황에 맞게 정착시켜 새롭게 만들었다는 추정이다. 물론 선후의 문제는 여전히 남는다.

3. 진쇠의 연행적 면모

1) 연행자

진쇠의 최종 표현물은 춤이다. 먼저 이 춤을 추는 사람은 누구인지 확인이 필요하다.

"이 무용하는자를 선굿하는사람 슨굿하는사람이라고 칭 한다"[22]
"긴쇠, 역시 남자가 춤을 춰야하는데"[23]
"군웅굿에서 굿상을 앞에 놓고 진쇠장단에 맞추어 군웅을 영접하기 위해서 춤을 춘다. 이 춤은 보통 화랭이(男巫)가 추는 춤으로"[24]

춤의 담당자를 선굿 또는 슨굿, 남자, 화랭이(남무)라고 칭하였다. 선굿이나 슨굿하는 사람이란 경기도 남부굿에서 산이 또는 화랭이를 가리킨다. 산이는 악사 노릇 이외에도 춤과 노래, 굿거리 등을 담당하는데, 서서 연행을 하므로 서서 굿을 하는 사람이라는 모습에서 부

---

22 지영희, 성금련 편, 앞의 책, 353~352쪽.
23 〈긴쇠〉, 《경기무악》 CD4-15. 연주에 앞서 사회자가 소개한 내용이다.
24 이두현·장주근·정병호·이보형, 앞의 책, 40쪽.

여된 호칭이라고 볼 수 있다. 굿 사제자의 일반적인 집단 구성은 무당과 악사이며, 보통 여자와 남자가 된다. 그러므로 남자는 무당이 아닌 악사를 가리키는 것으로 보편성에 기반하여 부른 결과라고 볼 수 있다. 화랭이는 동해안과 경기도 남부에서 주로 사용되는 호칭이며, 산이와 동일한 의미를 지닌다고 할 수 있다.

2) 진쇠 장단

진쇠 장단은 두 가지 관점에서 살펴보아야 한다. 진쇠 장단 자체와 연계되어 함께 등장하는 장단들이다. 단일한 진쇠 장단은 본장단, 연계된 형태는 진쇠장단 집짓기라 칭하고자 한다.[25] 진쇠는 본장단 만으로 연주되는 사례는 없고 본장단 외에 상이한 형태의 다른 장단과의 결합에 의해서 그 기능을 온전하게 수행하고 있음이 확인된다.

가. 진쇠 본장단

진쇠 본장단은 박자의 측면에서 세 가지 형태로 존재한다. 30소박, 37소박, 32소박이다. 지갑성과 정일동의 장단이 30소박이고, 지영희는 30박과 37소박, 이동안은 32소박이다. 개별장단을 정간보로 기록한 결과는 다음과 같다.

---

[25] 변주하는 여러 장단을 묶어서 하나의 가락 혹은 단락을 이룰 때 집을 짓는다고 하는데, 이를 응용하여 진쇠 본장단을 중심으로 다른 장단들이 일정한 순서로 작동하는 것을 '진쇠장단 집짓기'로 칭하고자 한다.

<정간보 - 지갑성 진쇠>

		1	2	3	2	2	3	2	4	2	3
장구		덩	더러	덩	덩	덩	더러	덩	덩		따
		궁		따	따		따		따		따
		궁		따	궁		따	구	궁	따	(따)
징		징		지	징		징		징		지

 정간보는 징 점수의 위치인 징 박자를 근거로 만들었다. 3+2+2+3 소박 구성으로 나타난다. 이러한 구조는 경기도 남부굿에서 춤의 반주음악으로 사용되는 올림채장단과 동일하다. 한 장단은 10소박 장단 3개가 모여 이루어진 30소박이다.

<정간보 - 지영희 친필 악보 진쇠>

	1	2	3	2	2	3	2	4	2	3
덩		구	덩	덩		덩		덩	구	덩
덩			궁		떠	더				
궁			떳	더		더	구	궁	떠	
궁			떠	궁		떠	구	궁	떠	

<정간보 - 지영희 연주 녹음 진쇠>

		1	2	3	2	2	3	2	4	2	3
홀채		덩	더러	덩	덩	덩	더러	덩	궁	드르	닥
		궁		따	따		따	구루	궁	드르	닥
		궁		따	궁		따		구	궁	딱
겹채		덩	더러	덩	덩	덩	더러	덩	**덩**	**더러**	**덩**
		더러	**덩**	궁		드르	닥				
		궁		따	따		따	구	궁	드르	닥
		궁		따	궁		따	구	궁	딱	

지영희가 남긴 진쇠는 직접 쓴 악보와 장구 연주가 있다. 악보에는 17+10+10소박으로 이루어진 진쇠가 기록되어 있다. 장구 연주는 홑채와 겹채의 두 가지로 나타난다. 홑채는 10+10+10소박이며, 겹채는 15+10+10소박의 구성이다. 악보의 17소박과 연주한 15소박은 구성에 차이가 많지만, 연주한 10소박 홑채와 15소박 겹채는 유사하다. 위 정간보에 진하게 표기된 5박이 차이의 원인이 된다. 즉 홑채에 5박 만이 첨가되어 15박이 된 형국으로 이외의 박자 형태는 동일하다. 2번째 3번째의 10소박들은 거의 동일하게 나타난다.

홑채와 겹채는 박의 수가 서로 다른데, 둘로 구분되는 이유는 분명하지 않다. 연주의 대상이 되는 춤에 따른 것인지, 연주자의 능력에 따라 난이도에 차이가 있는 것인지 알 수 없는 실정이다. 여기에 겹채의 처음 15박의 연주 속도가 빨라서 10박의 연주 속도와 거의 비슷하다는 점에서 또 다른 의문이 있다. 겹채라는 장단은 홑채와는 다른 연주방식에 기인한 것인지 조심스럽게 추정해본다. 또한 악보와 연주가 박자 수에서 서로 다른 원인도, 필자의 채보에 오류가 있었을 가능성도 있지만, 현재로써는 추정이 쉽지 않다.

〈정간보 - 정일동 진쇠〉

	1	2	3	2	2	3	2	4	2	3
	더러	덩	덩	덩		덩		덩	드라	닥
	궁		따	따		따		따		따
	궁		따	궁		덩		따		

정일동은 김숙자의 진쇠춤을 도맡아 반주한 인물로 그가 연주한 장단은 10+10+10소박으로 지영희의 홑채 및 지갑성의 장단과 박자의 수에서 같다. 하지만, 박자의 구성에서는 다소 차이가 나타난다.

처음 1, 2소박이 '덩-,더러'가 일반적인데, 정일동의 장단은 '더러,덩-'으로 박 수가 서로 반대가 되는 형국이다. 앞의 형태는 하나하나 차근차근 배치하여 차분한 느낌을 주는 반면, 뒤의 형태는 박자를 당겨서 긴장감을 느끼게 한다. 아울러 마지막 3소박 대목에서 다른 연주자는 3소박 중 1박과 2박을 채우는 데 비해, 1박만을 채우고 마무리하여 뒤에 공박이 늘어나 여백이 더 많이 있다.

〈정간보 - 이동안 진쇠〉

1	2	3	2	2	3	2	4	2	3
덩		덩		더	덩		더	덩	
따		궁		따	구	궁		떡	
궁		따	궁		따	구	궁		떡
(웃)									

이동안의 진쇠장단은 32소박이며, 다른 연행자의 장단과 박자의 구성면에서 차이가 많다. 10소박 중 4번째와 10번째 소박이 비어있고, 마지막 박인 '떡'을 1소박 뒤로 미루고 이후 2소박을 비워둠으로써 결과적으로 32소박이 된 형국이다. 차이의 내력은 알 수 없지만, 춤의 제작에도 관여하였다는 점에서 춤에 어울리는 장단으로 변주하였을 가능성이 있다고 생각된다.

〈정간보 - 이용우 진쇠〉

1	2	3	2	2	3	2	4	2	3
덩 구	더	덕	덩		덩		구 더	덩	
궁		딱	딱		딱		다 구	궁	
딱									

조사보고서에 제보된 이용우의 구음은 "덩구더덕, 덩-, 덩-, 구더 덩- / 궁-딱, 딱-, 딱-, 다구궁-, 딱--"이며, 이를 필자가 임의로 정간보에 옮긴 결과이다.[26]

진쇠의 박자 구성은 10+10+10소박, 17(또는 15)+10+10소박, 10+10+12소박으로 나타난다. 17, 15, 12소박이 존재하지만, 10소박이 진쇠장단 박자 구성의 근간이라고 볼 수 있다. 10소박은 3+2+2+3소박으로 올림채와 동일하다. 그런 맥락에서 진쇠는 올림채 세 장단이 모여서 한 장단을 이루는 형태가 된다. 올림채는 10소박 한 장단을 3~4개 혹은 그 이상 모아 하나의 가락 혹은 단락을 이루어서 연주하며, 고정된 형태는 없다. 즉 연주자의 의도에 따라 자유롭게 장단들을 새롭게 구성해가는 방식인 것이다. 반면, 진쇠는 연주자마다 장단의 형태가 조금 다르기는 하지만, 거의 같은 장단을 반복하는 방식이라는 점에서 올림채와는 다르다.

진쇠는 10소박×3개, 즉 30소박을 진쇠 1장단으로 연주하는 방식이 다수로 나타나고, 음악적으로도 박자 구성이 일정하고 균일하므로 흐름이 안정적으로 진행될 수 있다는 점에서 진쇠 장단의 일반형으로 규정이 가능할 것으로 생각된다. 이러한 흐름은 함께 연행되는 춤에도 영향을 미치게 된다. 경기도 남부굿의 춤을 반주하는 장단에는 부정놀이, 올림채, 반설음(터벌림), 겹마치기, 자진굿거리 등이 있다. 소박 구성이 2소박과 3소박, 2박과 3박이 혼합이기는 하지만, 결국 한 장단

---

[26] 이용우의 진쇠는 보고서에 기록된 구음이 유일하다. 구음을 조사자가 문자로 기록한 결과이므로 실제와 어떤 차이가 있는지는 구체적으로 알 수 없다. 음악적인 면모보다는 진쇠의 존재가 분명하였다는 근거로 사용하는 차원에서 참고용으로 써의 의미를 두고자 한다.

을 이루는 박이 모두 균일하게 반복된다. 올림채는 3+2+2+3소박이나 3+2+3+2소박으로 각 소박의 배치는 다르지만, 결국 총합은 같다. 반설음은 3+2+3+2박이나 1+2+2+3+2박으로 배치면에서 올림채와 맥락이 통하며, 이외의 장단들인 겹마치기와 자진굿거리도 마찬가지이다.

나. 진쇠장단 집짓기

본장단을 중심으로 연결된 장단 구성의 여러 사례를 정리한 결과 다음 표와 같다.

〈진쇠장단 집짓기의 여러 사례〉

순서	제목	연행/제보	형태	장단 구성
1	안성무속	지갑성 외	문헌	진쇠-조임채-넘김채-곁마치기-자진굿거리
2	경기무악	지갑성 외	음원	진쇠-엇모리
3	경기시나위	지갑성 외	음원	진쇠-모리-넘김채-겹마치기-자진굿거리
4	이용우 춤	이용우	문헌	(부정놀이-)진쇠-졸임채-넘김채-견마치기-잦은굿거리[27]
5	이용우 춤	정일동(?)	영상	부정놀이-올림채-조임채-넘김채-곁마치기-자진굿거리
6	김숙자 춤	정일동 외	영상	진쇠-넘김채-겹마치기-자진굿거리
7	이동안 춤	사물놀이	영상	낙궁-부정놀이-반서림-엇중모리-올림채-진쇠-경상도엇굿거리-넘김채-터벌림-자진굿거리

---

[27] 장단의 구성은 구희서 글·정범태 사진, 『한국의 명무』(한국일보사출판국, 1985, 216쪽)의 기록이며, 부정놀이장단은 정병호·이보형, 앞의 책, 192쪽에 "부정놀이에 이어서 치거나"라는 구절을 근거로 포함하였다.

지갑성은 진쇠 연주와 제보에 참여하여 기준이 될만한 자료를 남겼는데, 경기무악에서는 진쇠본장단과 엇모리장단이 결합된 전혀 다른 형태를 남기기도 하였다. 이 사례는 본 보고서의 마지막 장에서 다른 소주제로 다루고자 한다. 이용우가 남긴 진쇠의 사례들은 여러 가지인데, 서로 일치하지 않는 면모가 나타난다. 증언에서 부정놀이가 없는 경우와 결합되는 경우의 둘로 나타나고, 춤의 반주음악에 진쇠가 아닌 올림채로 연주한 경우이다. 이 문제도 역시 보고서의 다음 장에서 구체적으로 다루고자 한다. 이동안춤은 공통점을 찾을 수 없이 전혀 다른 양상이므로 추후 고를 달리하여 다루고자 한다.

진쇠 장단들의 여러 구성 중 '진쇠-모리-넘김채-겹마치기-자진굿거리' 형태의 출현빈도가 가장 높게 나타나며, 그러한 점에서 진쇠 클러스터의 일반적인 형태라고 판단된다. 진쇠 본장단에 이어 본장단을 몰아가거나 조이고, 다른 박자 형태로 전이시키는 장단을 거쳐 겹마치기와 자진굿거리로 이어지는 흐름의 구성이라고 정리할 수 있다. 각 장단을 하나씩 살펴보도록 한다.

진쇠 모리

모리는 조임채와 졸임채라는 다른 명칭으로 나타나지만, 동일한 장단을 가리킨다. 진쇠 모리는 4박자이고 2·3 혼소박이다. 3소박+2소박+2소박+3소박의 구성으로 진쇠 장단과 동일하다. 섭채 등 다른 장단의 모리와 같이 가속의 방식으로 점점 빨라져서 겹마치기로 이어진다. 강세는 첫 박에 온다.

⟨정간보 - 진쇠 모리⟩

1	2	3	2	1	3	1	4	2	3
덩		따	궁		따	구	궁	따	따

진쇠 넘김채

진쇠 모리에서 겹마치기로 장단을 연결시키는 장단이다. 넘김채는 박자의 구성이 변하는 특수한 방식으로 연주한다. 3+2+2+3소박이 점차 3+3으로 변화된다. 아래 정간보에 공(空)박의 간격을 줄여서 마침내 없어지도록 박과 박 사이를 당기는 방식으로 장단을 수축시켜 2+1+1+2가 되어 결국 3+3이 되는 것이다. 연주자에 따라서는 그 형태를 유지한 채 맺고 새로운 형태로 바로 시작하기도 하지만, 넘김채를 이용하여 음악과 춤의 흐름을 자연스럽게 이어지도록 만든다.

⟨정간보 - 넘김채⟩

1	2	3	2	1	3	1	4	2	3
덩		더	덩		덩		덩		따

겹마치기

겹마치기는 4박자이고 각 박은 3소박이다. 이 장단은 3소박을 기본으로 하지만, 2소박을 사용하는 변주가 많다는 점이 특징이다. 강세는 보통 첫 박에 온다. 궁채와 열채를 함께 사용하지만, 열채를 위주로 변주하는 형태가 많이 나타난다.

<정간보 - 겹마치기>

	1	2	3	2	2	3	3	2	3	4	2	3
	덩				따	구	궁			따	닥	궁
	궁	따	궁	뜨라	닥	닥	구	궁		뜨라	닥	닥
	따	따	궁		따		구	궁		떡		

자진굿거리

자진굿거리는 4박자이고 각 박은 3소박이다. 반주대상이나 절차의 흐름에 따라 다양한 변주를 한다. 강세는 첫 박에 오지만, 연주자에 따라서 1박 3박에 강세를 주기도 한다. 진쇠~겹마치기 장단은 장구와 징 혹은 꽹가리를 추가하여 타악기만으로 연주하지만, 자진굿거리의 경우는 선율악기인 피리 대금 해금이 합주한다.

<정간보 - 자진굿거리>

	1	2	3	2	2	3	3	2	3	4	2	3
	덩		따구	궁	따	구	덩	따	따구	궁	따	구

모리는 본장단의 속도를 높여 점점 빨라지도록 한다. 넘김채는 말 그대로 넘겨주는 역할을 한다. 두 가지의 장단은 주로 함께 등장하는 것으로 나타난다. 궁극적인 목적은 진쇠와 겹마치기를 연결하기 위함이다. 구조가 전혀 다른 장단을 연결하기 위해서는 별도의 장치가 필요한 것이다. 한강을 가로지르는 수많은 다리와 같다. 다리는 대부분 시작점인 땅에서 강으로 갈수록 높아지고 평행을 유지하다가 다시 낮아지며 땅과 연결된다. 높이가 다른 부분들이 차이가 나지 않도록 연결하는 대목이 필요하다. 통과의례도 맥락이 통한다. 어린아이

에서 성인이 되거나 새로운 구성원을 맞이하는 성년식이나 혼인식에서 큰 변화로 인한 혼란과 불안 등을 줄이기 위하여 성대한 의식을 치르는 것이다.

겹마치기와 자진굿거리는 4박자인 한 장단의 길이가 같고 빠르기가 유사하여 별다른 연결장치 없이 이어서 연주한다. 반면 박자의 구성 형태와 악기편성은 서로 다르다. 자진굿거리는 1박자가 3소박으로 이루어진 4박자가 주로 나타나지만, 겹마치기는 2소박과 3소박을 혼합하여 다양하게 박자구성을 만들어낸다. 가령 자진굿거리는 3+3+3+3소박이라면, 겹마치기는 2+2+2+3+3소박과 같은 구성이 흔하게 나타난다.

3) 진쇠춤

진쇠춤은 세 가지로 전승되고 있다. 각 춤의 개략적인 모습과 비교를 통해 다양함과 상관성을 살펴보도록 한다. 의상, 장단구성, 춤사위, 동선이 그 대상이 된다.

가. 각 춤의 면모

① 이용우 진쇠춤

이용우는 그의 집안 내력은 물론 다양한 형태의 자료에서 도당굿 등 경기도 남부굿의 대표적인 연행자임에 의심할 여지가 없는 인물이다. 1984년 6월 28일 제10회 한국명무전에서 선보인 〈진쇠춤〉이 이용우가 연행한 유일한 자료이다. 그는 흰소매가 달린 붉은 철릭에 검은 갓을 쓰고 흰버선을 신었다. 장단은 부정놀이-올림채-모리-넘김-겹마치기-자진굿거리로 이어졌는데, 장구, 징, 꽹가리 편성으로 연주하다가 자진굿거리부터는 피리, 대금, 해금이 결합하였다.

부정놀이에서는 제자리에서 발을 좌우로 이동하며 같은 방향의 손을 들어 옆으로 뿌린다. 이어서 양팔을 어깨 높이로 들어 벌린 채 시계방향으로 뒷걸음질로 두 방위를 이동하고는 앞걸음으로 바꾸어 두 방위를 나아가서 1바퀴 돈 뒤에, 어깨높이로 팔을 들어 올려 철륙 자락을 오른쪽으로 감고는 시계 반대 방향으로 돌아오는데, 이때 회전하며 두 방위를 이동하고 나머지 두 방위는 앞걸음으로 간다. 철륙자락을 아래로 뿌리며 반절하면 올림채로 넘어간다. 올림채의 앞부분은 부정놀이와 동일하다. 왼팔은 들고 오른팔은 아래쪽에서 좌우로 흔든다. 철륙자락을 양손 모두 안쪽으로 감고 시계방향으로 회전하며 돈다. 뒷걸음으로 짧게 간 뒤에 팔을 아래로 뿌리듯이 내린다. 왼팔 들고 오른 팔을 아래로 내려뜨려 좌우로 흔들고는 팔을 어깨높이로 들어 철륙자락을 걸치고 앞걸음으로 시계방향으로 한 바퀴 돈다. 이때 한 발씩 걷기, 한발 앞으로 가고 두 발 모으고 다른 발 앞으로 가고 모으는 방식의 걸음을 반복한 뒤에 다시 한발씩 나아간다. 이 과정의 장단이 올림채 모리가 되며 점차 빨라진다. 올림채 대목은 부정놀이에 비하여 발도 더 섬세하게 걸음을 나누어 딛고 회전도 많아진다. 중앙에 도착 후 팔을 아래로 내려 몸통을 감고 펼치고 반대로 감는 동작을 반복 한 뒤에 펼치며 들어서 어깨를 넘긴 후 앞으로 뿌린다. 이 과정은 넘김채로 연주한다. 겹마치기에서는 양팔을 어깨 높이로 들어 앞쪽 사선으로 뻗은 채 저정거리는데, 발걸음은 제자리 혹은 조금 뒤쪽에 무게를 둔다. 춤사위와 동선은 앞과 맥락이 같다. 철륙자락을 어깨로 넘겨 걸치는 춤사위가 보태지며 사각의 동선을 유지한다. 자진굿거리에서는 한쪽 발을 높이 드는 등 장단의 빠르기에 맞추어 동작이 많아지고 잦아지며 동선이 주로 좌우이지만 일정치는 않다. 왼쪽으로 한 바퀴 돌고 반절로 맺는다.

 단순해 보이지만, 철륙자락의 웃놀음과 버선발의 아랫놀음이 장단마다 달라지고 움직임도 잦아지는 단계적인 방식으로 어느덧 흥을 쌓아서 끌어올린다. 이용우는 경기도도당굿을 이끌었고 거의 굿판에서만 활동하였던 산이였다는 점에서 그의 춤은 굿 의례의 춤에 가장 가까울 것으로 추정된다. 아울러 현재까지 전하는 유일한 자료라는 데 중요성이 더해진다.

 ② 김숙자 진쇠춤
 안성의 예능과 무속을 겸비한 집안의 출신으로 알려진 김숙자의 진쇠춤은 주로 공연장에서 춤을 위주로 연행되었지만, 이외에 굿 의례 현장에서도 연행이 이루어졌다. 1986년 우이동에서 벌어진 시연 형식의 도당굿 중 군웅거리에서 진쇠춤을 추었는데, 산이의 앉은군웅청배와 미지의 선군웅굿 사이에 배치되었다. 이외에도 같은 굿에서 김숙자가 전승하고 있던 경기도 도당굿과 관련된 6가지 춤을 선보였다. 7가지는 전체 굿 의례를 구성하는 개별 굿거리에 앞서 관련된 해당 춤을 배치하는 방식으로, 의례 속의 한 절차가 아닌 별도의 작품으로 작용한 것이라고 할 수 있다.
 김숙자의 제자들은 하얀색 긴소매가 달린 붉은 철릭을 입고 검은 사모를 쓰고 검은 목화를 신고 4명이 각각 한 방위를 점하는데, 서로 다른 방향을 보는 것이 아니라 둘씩 마주 보는 형국이다. 진쇠-넘김채-겹마치기-자진굿거리의 장단 구성이고, 악기편성은 장구, 징, 꽹가리, 피리, 대금, 해금이다. 자진굿거리부터 선율악기가 합주하였다.
 진쇠장단에서는 4명이 각자의 자리를 유지한 채 원을 그리거나 사방으로 짧은 거리를 이동하고, 이후의 장단에서는 모두가 전체적으로 큰 원을 그리며 돌거나 둘씩 짝을 이루어 교차하는 등 고정된 자리가 없어졌다가 자진굿거리 마무리 대목에서는 각자의 자리를 다시 잡는다. 윗놀음은 한쪽 팔이나 양팔을 어깨로 넘겨서 뿌리거나, 옆으로 뿌리기가 많다. 아랫놀음은 무릎을 세우고, 발을 높이 들어 뛰는 사위가 많다.

진쇠는 무릎을 굽힌 채 철륙자락을 허리 아래에서 좌우로 여러 차례 감아서 풀고는 위로 펼쳐 양쪽으로 뿌린다. 어깨너머로 한쪽 팔을 들어 위로 뿌리고 다른 팔은 어깨높이를 유지하는데, 뿌리는 팔 쪽의 발을 받쳐 올리며 왼쪽으로 작은 원을 그리며 돈다. 양쪽 팔을 동시에 머리 위로 들어 올리며 왼쪽 오른쪽으로 뿌린다. 왼팔은 어깨높이에서 왼쪽으로 뻗고 오른팔은 머리 위로 든 상태를 유지한다. 90도를 돌아 양팔을 위로 뿌리고 허리를 감고 180도를 회전하는데 두 번 혹은 여러 번을 한다. 가슴 앞에서 양손을 감아 돌린 뒤 앞쪽 위로 뿌리는데, 왼쪽과 오른쪽에서 한다. 양손 좌우로 뿌리고, 머리 뒤로 모으고, 위로 뿌리고를 이어서 하는데, 이 동작들은 다른 춤사위의 사이사이에 자주 나타난다. 오른손은 앞에서 오른쪽 어깨로, 왼손은 등 뒤에서 오른쪽 허리로 간다. 대각선으로 감는 형국이며, 상체를 45도 앞으로 숙인다. 오른손은 뿌리고 왼손은 철륙자락을 안쪽으로 감으며 왼쪽으로 회전한다. 오른손은 허리에, 왼손은 왼편 위쪽으로 뿌리며 왼발은 옆걸음으로 왼쪽으로 이동한다. 오른쪽도 같은 방식으로 한다. 뿌리기는 처음에는 한 번 뿌리며 한걸음이고, 이어서 두 번 뿌리고 두 걸음 가는 방식으로 이어진다. 머리 뒤로 양손 모았다가 위로 펼치며 뿌리면, 바로 겹마치기로 장단이 바뀐다. 허리 아래에서 감았다 사선으로 뿌리고는 허리 아래에서 좌우로 감고 푼다. 시계방향으로 크게 도는데 오른발은 받쳐 올리고 이어서 잦은걸음으로 회

전한다. 왼팔은 머리 위로 감고 오른팔은 수평을 유지하며 걷고 반대로 반복한다. 제자리에서 왼쪽으로 돌고 머리 뒤로 모았다 뿌리면 자진굿거리로 넘어간다. 자진굿거리에서 나타나는 춤사위와 동선은 앞과 흡사하지만, 선율악기의 참여로 풍부해진 음악과 함께 뛰는 동작이 많이 나타난다.

확인되는 모든 자료가 4명의 군무 형태로 정형화된 것으로 보아, 이 춤은 굿을 토대로 하지만 전문 춤꾼의 연행을 통하여 재생산된 것으로 추정된다.

③ 이동안 진쇠춤

이동안이 추는 진쇠춤은 꽹가리를 사용하고 조선시대의 군복인 구군복을 입는다. 구군복은 전립, 동달이, 전복, 광대, 전대, 목화로 구성된다. 음악은 낙궁, 부정놀이, 반서림, 엇중모리, 올림채, 진쇠, 경상도엇굿거리, 넘김채, 터벌림, 자진굿거리 순서이다. 사물타악기와 피리, 대금, 해금 등의 선율악기로 반주한다. 춤사위와 동선은 단순하지 않고 다양하면서도 일정한 틀이 없이 자유로운 방식이다.

낙궁은 별다른 춤사위가 없이 걸어서 입장하여 반절로 인사한다. 부정놀이부터는 본격적으로 춤을 추는데, 쇠채에 달린 너슬을 활용하여 다양한 동작들을 만들어낸다. 춤사위는 꽹가리 치기, 너슬 놀리기, 발걸음이 장단의 종류와 세부적인 구성에 따라 서로 다변화된다. 엇중모리와 진쇠장단에서는 춤사위를 동적으로 펼치기보다는 한 자세와 자리를 유지한 채 정적으로 표현하는 방식이 나타난다. 겹마치기에서는 발을 받쳐 올리거나 까치걸음 등 발 사위가 눈에 띈다. 너슬은 앞이나 좌우로 뿌리는 동작과 손목을 이용하여 감거나 팔 전체를 이용하여 몸을 감는 등 감아서 돌리는 방식의 기술이 많이 사용된다. 동선은 사각을 그리기도 하지만, 좌우로 이동이 많으며, 부정놀이 대목에서는 중앙에서 사방으로 나아가는 동선을 그리기도 한다.

이동안의 진쇠춤은 다양한 장단들이 등장하고 구성도 복합적이라고 할 수 있다. 장단은 도당굿 여러 굿거리에서 추출하여 재구성하는 방식이며, 춤사위는 산이들이 추는 터벌림이나 수비풀이 쇠 연주 등과 관련이 되는 것으로 보인다. 굿거리 여럿과 그 하위인 절차들 여럿이 동원되고 엮어져서 하나의 작품으로 만들어낸 결과라고 볼 수 있다. 원천자료는 굿에서 나왔지만, 굿 의례에서의 기능과는 거리가 멀어진 독자적인 춤이 된 것으로 보인다.

(나) 세 춤의 상관성

진쇠춤이라는 이름을 가진 춤은 세 가지이다. 이 중에 이용우와 김숙자의 춤은 공통점을 갖지만, 이동안의 춤은 여러 면에서 전혀 다른 양상을 보인다.

둘의 의상인 붉은 철릭이 서로 같다. 한편 갓과 사모, 버선발과 목화라는 차이가 있다. 이용우는 양반이 추는 경우 사모관대에 목화를 신고 굿에서는 갓을 쓰고 버선발이라고 하였으니, 그의 증언을 기준으로 보면 김숙자의 복장은 양반의 춤이 되는 셈이다. 외형적인 차이는 있지만, 결국은 그 바탕은 같다고 할 수 있다. 반면, 이동안의 의상은 발에 신는 목화를 제외하면 모두 다르다.

```
이용우 : 부정놀이-올림채-모리-넘김-  겹마치기-자진굿거리
김숙자 :           진쇠-      넘김채-겹마치기-자진굿거리
이동안 : 낙궁, 부정놀이, 반서림, 엇중모리, 올림채, 진쇠, 경상도
         엇굿거리, 넘김채, 터벌림, 자진굿거리
```

이용우와 김숙자의 장단이 서로 다르게 나타난다. 부정놀이와 올림채이다. 부정놀이는 이용우의 증언과 실제 연행이 있다는 점에서 다른 춤과 차이점일 가능성이 있다고 보여지는 반면, 올림채는 증언에 나타나지 않으며 진쇠로 되어 있다[28]는 점에서 올림채는 반주자와의 문제가 아닌지 의문이다. 올림채와 진쇠는 소박의 구성형태가 동일하다는 점에서 반주자와 춤꾼의 합의에 의한 결과일 가능성이 있다고 생각된다. 이후의 구성은 같다. 반면에 이동안 춤의 장단은 앞 두 춤과는 공통점을 찾을 수 없다. 진쇠, 넘김채, 자진굿거리의 공통되는 대목이 있지만, 장단의 종류가 같다는 점 외에 춤의 양상은 다르다.

두 춤의 춤사위는 긴 철륙 자락을 들어 올리고 뿌리는 사위가 중심이 되고, 사방을 그리며 이동하는 방식이 흡사하다. 김숙자 춤의 경우 확인되는 모든 자료가 4명의 군무 형태로 정형화된 것으로 보아, 이 춤은 굿을 토대로 하지만 전문 춤꾼의 연행을 통하여 재생산된 것으로 보인다. 실제 굿판의 춤을 단순히 인원을 늘린 것인지, 춤사위와 동선 등을 새롭게 만들었는지는 알 수 없으므로 굿과의 관련성을 단언할 수는 없고 추정에 불과하다. 이동안 춤의 가장 큰 특징은 꽹가리를 무구로 사용한다는 점이다. 꽹가리는 명칭과도 관련되어 진쇠를 꽹가리로 인식하고 있음을 알 수 있다.[29] 아울러 복색은 당시 고을 원님들이 궁에서 춤을 추었다는 유래에 근거한 결과로 추정된다.

---

28 정병호·이보형, 앞의 글, 192쪽.
29 "이 춤은 원님들이 진쇠를 들고 추었다 해서 붙여진 이름이라 한다."(윤미라, 『李東安 진쇠춤』, 삼신각, 1992, 21쪽); "진쇠춤은 진쇠 장단에 맞춰 추는 춤과 꽹과리(진쇠)를 치면서 추는 진쇠춤 모두를 말하며, 이는 경기도도당굿에서 추는 춤과 재인청류 진쇠춤으로 구분할 수 있다."(이사빈, 「진쇠춤의 현대적 전승양상 연구」, 중앙대학교 석사학위논문, 2017, 10쪽)

굿 속에서 진쇠춤이 발견되지 않았기 때문에 춤의 연행 면모를 통하여 굿과의 연관성을 찾기는 쉽지 않은 형편이다. 그렇지만 이 글의 특성상 상호연관성이 주요한 문제이므로 추론이 필요하다. 이용우는 굿 외에 다른 영역에서 춤을 연행한 자료가 없다는 점에서 그 연관성이 깊고 굿 춤일 가능성이 충분하다고 볼 수 있다. 김숙자의 춤은 이용우의 춤과 여러 면에서 공유점을 가지고 있어서 관련성을 배제할 수 없지만, 한편으로 김숙자가 전승하는 다른 무속춤[30]과 비교해보면 창작의 가능성이 있다고 생각된다. 부정놀이와 도살풀이 춤은 장단의 재구성과 더불어 굿에서 나타나지 않거나 변형된 춤사위로 이루어져 있다. 터벌림춤과 깨낌춤은 굿과 동선과 음악이 유사하지만, 다양한 팔 사위가 첨가되고 군무를 활용한 동선의 변화로 이루어졌다. 올림채춤과 제석춤은 부정놀이춤과 도살풀이춤 정도의 창작은 아니지만, 해당 굿거리의 여러 절차를 재구성한 결과가 된다. 이런 점에서 진쇠춤도 굿과는 다르게 변화시켰을 가능성이 있다고 보인다. 반면 이동안 춤은 장단의 구성, 의상, 무구 등 여러 측면에서 새롭게 만들어진 작품으로 보인다.

4. 의식 절차로써의 진쇠

본 연구의 궁극적인 목적은 굿 속의 진쇠이다. 서로 다른 형태의

---

[30] 김숙자의 무속춤은 경기도무형유산 경기시나위춤보존회에서 전승하고 있으며, 〈부정놀이춤〉,〈터벌림춤〉,〈진쇠춤〉,〈깨끔춤〉,〈올림채춤〉,〈제석춤〉,〈도살풀이춤〉이다.

연행요소가 서로 여러 가지 방식으로 결합하여 작동하는 의례인 굿에서 진쇠라는 요소는 어느 절차에 등장하여 어떤 역할을 하는지 탐색하고자 한다. 진쇠라는 존재를 이루는 장단과 춤, 어디에 등장한다는 단편적인 정보만 있을 뿐 정작 굿판에서의 모습은 찾을 수 없으므로 연구가 시작되었다. 절차는 굿거리의 하위단계에 이다. 절차는 하위의 연행요소들로 이루어진다. 장단과 춤이라는 요소가 협업하여 절차를 이루고, 절차들이 모여서 굿거리로 되며, 굿거리들의 집합이 갈래의 층위인 큰굿으로 형성된다. 큰굿은 재수굿, 도당굿, 천도 새남굿 등을 가리킨다.

진쇠 장단이나 춤이 어디에서 나타나는지에 대한 제보기록을 바탕으로 가설을 세우고 이를 증명하는 방식으로 전개하고자 한다. 증명을 위해서는 시각을 장단과 춤 자체에서 넓힐 필요가 있다. 경기도 도당굿 또는 경기도 남부굿의 여타 장단 및 춤과의 상관성을 따져보고 정리하는 방법을 활용할 수 있다. 장단 크러스터 및 춤의 형태를 대상으로 삼아 서로 비교하는 방식이 적절하다.

보고서 등에 진쇠가 굿의 어디에 배치되었는지 나타난다. 그 정보에 따르면 제보자에 따라 서로 다르다. 진쇠외 11장단에서는 도당굿의 제석굿(제석거리)이고, 지영희의 민속음악연구자료집에는 도당굿의 군웅굿과 천도새남굿이라고 하였기 때문이다. 큰굿, 즉 갈래로 보면 도당굿과 천도새남굿이고, 도당굿에서는 제석거리와 군웅거리에서 진쇠가 등장한다는 것이다. 정리하면 1) 도당굿의 군웅거리, 2) 도당굿의 제석거리, 3) 천도새남굿, 4) 부정거리의 앞이라는 4가지 경우가 가능하다.

1) 도당굿의 군웅거리

군웅거리 중 군웅노정기 앞에 진쇠춤이 포함된다는 가설이다. 경기도 남부 도당굿에서 군웅거리는 가장 중요하게 인식하는 굿거리이다. 절차 구성이 다단하며, 연행요소가 다양하게 작용하여 굿의 규모가 다른 굿거리에 비하여 월등히 크다고 볼 수 있다. 군웅거리의 구성은 다음과 같다.[31]

절차	앉은청배	부채방울춤-선청배	방수밟이	천근	쌍군웅	활놀음	**(진쇠춤)**	노정기
기능	청배	정화·올림	청배	올림	청배·축원	맞이	풀이	**올림**	청배~풀이
담당	산이	/			미지	/	미지+산이	미지	/	산이

서두에 산이가 신을 청하고 이어서 미지가 다시 신을 청하여 방수밟이하며 전물을 올린다. 천근으로 청하여 소망을 밝히며 기원한다.[32] 미지와 산이가 함께 춤으로써 신을 또 맞이하고, 이어서 미지가 활과 화살로 잡귀잡신을 풀어먹여 보낸다. 산이가 신의 왕림과 마을에 복을 주는 활약을 노래로 펼쳐내며 청배, 맞이, 복주기, 수비풀이까지 굿 한 거리를 다시 하게 된다.

굿의 구조를 설명하는데 청신-오신-송신을 사용한다. 모든 사례에 적용이 가능한 건 아니지만, 일반적인 차원에서는 타당하므로 자주 인용한다. 군웅거리는 그 유형으로 보면, 두 번 이상씩 거듭 등장하여 겹치는 형국임을 알 수 있다. 청신의 경우는 크게 앉은청배, 선청배, 노정기로 세 번이 된다.

---

31 〈경기도도당굿〉, 1986년, 우이동산장, 천승요 촬영, 아르코 소장.
32 "천근이요 군웅님 천근이요~천근받아 오소사~"으로 오시라고 청하기한 후에 도와달라는 내용으로 축원한다.

군웅거리 중 연행방식이 춤인 절차는 부채방울춤, 방수밟이, 쌍군웅, 활놀이이다. 쌍군웅은 미지가 외지에서 오는 군웅신, 산이가 마을을 담당하는 도당신이 되어 외지의 신을 내지의 신이 맞이하는 의식을 춤으로 표현한 것이다. 활놀음은 액살을 풀어내기 위해 활을 놀리고 쏘는 행위를 춤으로 표현한 것이다. 신을 위해 무언가를 바치거나 올리는 의미와는 다르다. 반면, 부채방울춤과 방수밟이는 청배에 앞서 깨끗한 굿청이나 소머리와 같은 전물을 올리는 의미를 갖는다. 신을 위한 의식행위이다.

군웅거리는 담당자에 따라 구분하면 산이-미지-산이의 구성이다. 미지가 다양한 절차로 이루어진 굿을 마치면, 산이가 노정·복주기·수비풀이 등의 무가로 구성된 노정기를 수행한다. 노정기는 청배의 한 방식이다.[33] 미지가 부채방울춤과 방수밟이로 미지의 청배에 앞서 전물로써 올리는 춤이라면, 진쇠춤은 산이의 노정기 앞에서 신을 청하고 대우하기 위해 전물을 올리는 기능을 수행하기 위한 산이의 춤으로 미지의 춤에 대응될 수 있다. 미지의 군웅굿에 이어 산이가 다시 펼치는 군웅굿인 군웅노정기의 초입에서 산이가 신을 청하여 대우하는 춤인 진쇠춤을 춘다는 것이다.

  방수밟이 : 부정놀이-올림채 -모리-넘김-겹마치기
  진쇠춤 : 부정놀이-진쇠   -모리-넘김-겹마치기-자진굿거리
       (이용우)
  쌍군웅 :   터벌림   -모리-넘김-겹마치기-자진굿거리

---

[33] 신을 청배하는 무가의 형태는 신의 이름을 주고받는 방식으로 부르는 만수받이, 신의 내력이 담긴 신화를 길게 부르는 본풀이, 신이 도래하는 과정을 노래하는 노정기의 세 가지가 대표적이다.

    방수밟이 : 미지   / 올림
    진쇠춤 : 산이   / 올림
    쌍군웅 : 미지+산이 / 맞이

 장단과 연행자를 기준으로 삼아 진쇠춤과 다른 춤의 상관성을 살펴봄으로써 춤의 면모에 좀 더 구체적으로 접근할 수 있을 것으로 예상된다.
 부정놀이장단은 굿거리 초입에 부채와 방울을 들고 추는 춤의 음악이다. 부정이라는 명칭은 정화를 의미하고, 방울은 신을 청하는 도구이므로 정화와 청배라는 기능을 수행한다고 볼 수 있다. 부채방울춤은 미지가 담당하므로 부정놀이장단 또한 미지의 연행에 한정된다. 하지만, 이용우의 진쇠춤에는 부정놀이장단이 포함되어 있다. 증언과 실연에 모두 존재하므로 부인하기는 어렵다. 반면, 다른 증언과 연행에는 부정놀이가 없다. 이용우의 전승 계보나 단골판의 특수한 면모일 가능성도 제기할 수 있지만, 추정에 불과하다.
 올림채, 진쇠, 터벌림 그리고 겹마치기는 사각의 틀을 일정한 동작의 춤사위를 유지하며 크게 돈다. 장단의 음악적 형태는 다르지만, 부정놀이장단과 춤의 방식과 기능은 맥락이 서로 통한다.
 자진굿거리는 그 용도가 다양한 장단으로 겹마치기의 뒤에 이어지는데, 음악과 춤이 앞선 장단들과는 다르다. 선율악기가 결합하여 다양하고 풍부해지며, 춤사위는 일정하게 반복되지 않고 여러 가지 형태를 일정한 순서 없이 표현한다. 부정놀이~겹마치기는 엄숙한 분위기의 제의적 속성이 강하다면 자진굿거리는 자유롭고 흥겨운 오락적 성격이 강하다고 할 수 있다.
 결국 진쇠춤은 올림이라는 제의적 기능에 놀이적 속성을 결합한 형태라고 할 수 있다. 자진굿거리로 이어지지 않는 방수밟이는 제의성이 강한 절차의 진행 과정에 포함되어 엄숙하게 표현된다. 쌍군웅은 외지신을 맞이하여 자진굿거리 대목에서는 춤사위를 자유롭게 펼쳐 내며 서로 어울리는 듯 춤을 춘다. 진쇠춤은 이 둘이 합쳐진 형태라고 볼 수 있다. 진쇠춤은 관객 혹은 주민들과 적극적이고 지속적으로 소통하며 서로 별비를 흥정하는 등의 놀이적 성향이 강한 노정기에 앞서 놀이성을 포함하여 표현한다고 볼 수 있다. 춤의 연행자는 미지가 아닌 산이로 청배의 연행자와 동일인이거나 동일한 부류에 속한 인물이기도 하다.

2) 도당굿의 제석거리

제석거리 중 중굿에 진쇠춤이 등장한다는 것이다. 중굿은 쌀을 올린 제상을 차리며, 산이가 흰고깔 장삼을 입고 춤과 노래를 연행요소로 삼는다. 춤을 추고는 자신이 마을에 온 내력을 밝히면서 '중 내려온다'를 부른 뒤 마을에 복을 주고 마지막에 수비를 풀어내는 순서로 진행된다. 전하는 자료가 두 종류인데, 내용은 크게 차이가 없지만, 굿에서의 위치가 확연하게 다르게 나타난다. 하나는 〈경기도 새남굿〉의 제석거리로 천태산 무가까지를 미지가 연행한 뒤에 산이가 중굿을 하고 다시 미지가 거리노랫가락으로 이어가는 순서이다. 미지의 굿 도중에 산이의 중굿이 삽입된 형태이다.[34] 다른 하나는 1982년

---

34 〈경기도 새남굿〉은 1981년 11월 6~7일 인천시 율목동에 이치한 경아대에서 있었으며, 아르코 소장 영상자료이다. 이용우, 조한춘, 오수복 등 경기도 남부굿의 주요한 연행자들이 참여하였다.

〈동막도당굿〉[35]과 〈장말도당굿〉[36], 1984년 〈동막도당굿〉[37]에서 도당 모셔다드리기에 이어 중굿이 벌어지고 뒷전이 이어지는 순서이다. 제석굿의 한 절차가 되거나 별도의 굿거리가 된다.

복색과 중이라는 등장인물 및 굿상이 제석굿과 일치하고, 〈경기도 새남굿〉의 제석거리 절차 구성, 제석굿 중 "노래거리로 옛날에는 창부 혼자서 고사말로 뒷대답을 했다"[38]와 "당에서는 반드시 창부가 하게 되어 있다"[39]는 이용우의 증언 등이 제석굿의 하위 절차라는 점을 뒷받침해준다. 손님노정기와 군웅노정기처럼 제석굿 중에 산이가 펼치는 일종의 굿놀이인 것이다.

여기에 진쇠와 중굿의 상관성을 뒷받침할 수 있는 또 다른 자료가 있다. 《경기무악》[40]에 소개된 진쇠인데, 진쇠 본장단 연주와 엇모리 무가로 구성된다. 엇모리장단에 부르는 무가의 사설은 중의 모습을 묘사한 내용으로 중굿의 시작 대목과 일치한다. 이는 진쇠와 중굿의 관련성을 뒷받침하는 주요한 근거라고 할 수 있다. 중굿이 제석거리의 한 절차라고 본다면, 진쇠는 중굿 앞에 위치하여 특정한 기능을 하는 절차일 가능성이 생긴다.

중굿은 군웅노정기와도 관련된다. 어느 곳에서 굿이 벌어지는 곳으로 이동하여 복을 주고는 잡귀잡신을 풀어먹인다는 구성면에서 흡사하며 판소리 방식의 연행 면에서도 맥이 통한다. 군웅거리와 마찬

---

35 아르코 소장 자료.
36 김인회 교수 촬영본.
37 김인회 교수 촬영본.
38 정병호·이보형 외, 앞의 글, 197쪽.
39 정병호·이보형 외, 앞의 글, 203쪽.
40 CD4-15 긴쇠.

가지로 미지의 굿에 이어서 산이가 담당하는 중굿 앞에서 동일한 부류에 속한 산이가 올림-놀이의 기능을 가진 진쇠춤을 추는 것이라고 할 수 있다.

반면, 동막과 장말의 도당굿의 사례처럼 독립된 개별 굿거리로 나타나는 경우, 제석거리와 중굿의 상관에 관한 연구가 진행되지 않아서 단정 지을 수 없는 상황이다. 중굿도 진쇠와 같은 전승과 퇴화의 과정을 겪었을 수 있다. 진쇠와의 상관성에 대한 가능성을 두고 진행하고자 한다.

3) 천도새남굿의 새남굿(새남거리)

새남굿의 한 절차로 진쇠춤이 등장한다는 가설이다. 이 가설의 발단은 지영희의 친필 기록에 기인한다. 새남굿의 전승이 사실상 단절된 상태이므로 단정짓기 어렵지만, 지영희의 친필 기록에 그 단서가 있다.

> 진쇠 拾貳(십이)채는 (중략) **당산제에 군웅굿과 천-도 새남 굿**에서 삼보전진 삼보후퇴 로 五方地神을 법도로직혀 추는 무용이라 하는데[41]

실제 연행된 새남굿의 사례를 통하여 가설에 접근해 보자. 천도새남굿은 망자의 천도를 위한 의례이다. 새남굿 관련자료는 1981년에 인천 경아대에서 시연된 〈경기도 새남굿〉 영상과 영상을 대상으로 한 1984년의 〈경기도 새남굿〉 보고서[42], 1983년 조사보고서인 〈수원

---

41 지영희 저, 성금련 편, 『지영희민속음악연구자료집』, 민속원, 2000, 147~148쪽.

지방 무의식)⁴³이 있다.

〈경기도 새남굿〉에 기록된 전체의 구성은 거리부정-선부정굿-산바래기-시루거리-제석거리-대감놀이-손굿-조상굿-군웅굿-제명거리-베갈이-새남굿-뒷전⁴⁴이다. 〈수원지방 무의식〉의 새남거리는 넋맞이-쌍군웅-새남노정기-죽엄의말-베갈이이다. 새남노정기와 죽엄의 말은 서로 동일한 절차인데, 다른 호칭일 수 있다. 죽엄의말은 그 실체가 드러났는데, 망자가 죽음에 들어서 시왕세계로 가는 과정을 담고 있다는 점에서 아직까지 발견되지 않은 새남노정기와 동일한 존재일 가능성이 있다.

새남굿 : 쌍군웅 (- 새남노정기) ⇒ 산이+미지 / 2명 / 맞이

"군웅따라 조상 온다"는 말이 있다. 이런 맥락에서 망자를 인도하는 존재가 군웅일 수 있고, 깨낌이나 쌍군웅과 같이 맞이하는 형태라고 할 수 있다.

그런데 진쇠와 직접적으로 관련된 내용은 찾을 수 없다. 이 가설의 발단은 지영희의 친필 기록에 기인했지만, 이용우가 주도한 새남굿에서는 진쇠가 등장하지 않고 그의 제보에도 진쇠와의 관련성은 나타나지 않는다. 그렇다면 지역적인 차이를 가정할 수 있다. 지영희는 평택 등지이고, 이용우는 오산과 수원 등지이다. 아직 평택지역의 도

---

42 정병호, 「경기도 새남굿」, 『전통문화』 138, 전통문화사, 1984, 44~49쪽
43 조사보고서의 제보자는 이용우이고, 1981년 새남굿의 연행자도 이용우이다.
44 하위의 세부절차들은 생략하고 상위의 굿거리 위주로 작성하였다. 가령 시루새면-시루청배-시루굿을 시루거리로 통합하는 방식이다.

당굿 자료가 발견되지 않은 상황이므로 그 가능성은 존재한다고 볼 수 있다.

이용우의 가계 혹은 단골 지역에서는 쌍군웅이라는 방식이지만, 지영희의 근거지역인 평택에서는 진쇠춤을 죽엄의말 혹은 새남노정기 앞에 배치하였을 가능성을 의미한다. 제석굿은 중굿 앞, 군웅굿은 군웅노정기 앞에서 신을 위한 춤을 추는 의미와 같이 새남굿에서도 조상신이 될 망자를 위해 진쇠춤을 올린다는 가정이다.

4) 부정거리의 앞

부정거리의 앞 혹은 다음에 진쇠가 위치한다는 가설이다. 이를 뒷받침할 수 있는 자료는 지갑성이 주도하여 연주한 음원 자료인 1977년 〈경기시나위〉이다. 지갑성이 장구를 잡은 연주의 순서는 '길군악-진쇠-제석거리-부정청배-터벌림-손굿-군웅청배-군웅거리'이다. 길군악과 터벌림이 포함된 것으로 보아 마을단위의 의례인 도당굿이다. 순서도 일반적인 도당굿의 구성과 일치한다. 다만, 부정청배가 제석거리 다음 순서인 것, 시루굿과 뒷전이 없다는 점에서는 차이가 난다. 그런데, 부정청배를 연주하기 전에 순서가 바뀌었다고 언급한다. 오랜만에 연주하게 된 사정에서 비롯된 착오라고 할 수 있다. 시루굿은 처음 절차인 시루청배를 제외하면 무가와 음악이 등장하지 않고, 뒷전의 경우 자진굿거리 외에 경기도 남부굿 만의 독자적인 음악이 사용되지 않기 때문에 생략한 것으로 추정된다.

길군악은 돌돌이에서 행진할 때 연주하는 곡으로 결국 길군악은 굿의 처음 굿거리를 가리키는 셈이다. 돌돌이의 마무리는 굿청이 된다. 굿청에 도착해서 처음에 진쇠(춤)을 연행한다는 가설이 된다. 관련 사례가 없다는 점에서 다소 무리한 가정이기는 하지만, 진쇠외 11장단과 경기시나위춤에서도 진쇠를 가장 먼저 소개하였다는 점에서 가능성을 두고 가설을 상정해 보았다.

5. 맺음말

굿에서의 진쇠를 찾는 일은 어쩌면 불가능할 수도 있다. 분명한 답을 찾는 일은 쉽지 않기 때문에 연구는 일반적인 방법에 따라 진행하였다. 연구의 대상인 진쇠는 여러 증언과 연행을 통하여 굿에서 생성되어 작용하였음이 분명하다고 믿으며 그 작용의 실제 모습을 밝히고자 하였다. 선행연구를 검토하고 진쇠와 관련된 자료를 최대한 집적, 정리, 분석하였다.

연구를 진행한 결과, 굿에서 행해지는 진쇠를 담고 있는 자료를 발견하지 못하여 궁극적인 목표에는 도달하지 못하였다. 연구의 과정에서 진쇠장단과 춤이라는 실체를 분명하게 확인하는 성과는 이루었지만, 그 실체가 의례의 어디에 배치되어 어떤 기능을 갖는지 분명하게 규명하는 데에 이르지 못하였다는 것이다. 결과적으로 가설을 세우는 것으로 마무리하였다.

1) 도당굿의 군웅거리, 2) 도당굿의 제석거리, 3) 천도새남굿, 4) 부정거리의 앞이라는 4가지 가설을 세우고 탐색하는 시도는 의의가 있다고 볼 수 있지만, 뚜렷한 해명에는 이르지 못하고 여전히 의문이 많이 남아있다. 그렇지만 가능성을 열어두고 고찰할 필요가 있다. 진쇠는 경기도 남부지역의 도당굿을 비롯한 굿 의례에서 나타나는 특성을 갖는 연행요소이자 절차이기 때문이다. 그 특성은 산이의 확대된 역할

이다. 무당과 악사의 구분이 없는 제주도의 무속을 제외하고는 둘의 역할은 서로 다르다. 반면 경기도 남부지역의 굿에서는 음악을 담당하는 존재를 산이라고 하는데, 이들은 음악 외에 청배무가, 돌돌이, 뒷전 등의 굿거리를 도맡음으로써 담당하는 역할 면에서 무당인 미지와 기능적으로 공유하는 요소가 있어서 그 경계가 모호하다. 진쇠도 산이가 담당한다고 전해진다. 산이의 역할이 확대된 이유 등이 아직 분명히 드러나지 않은 상황이므로 경기도 남부지역 굿의 비밀을 풀어내기 위해 진쇠도 주요한 열쇠가 되리라 예상된다는 점에서 본 연구는 의의가 있다고 할 수 있다.

참고문헌

〈보고서〉

박헌봉, 「진쇠장단외 十一장단」, 『무형문화재조사보고서』 제28호, 문교부, 1966.

심우성·이보형, 「安城巫俗(경기시나위춤)」, 『무형문화재조사보고서』 제121호, 문교부, 1976.

유기룡, 『무악-민속악체계정립자료집』 제3집, 한국문화예술진흥원, 1980.

이두현·장주근·정병호·이보형, 「경기도도당굿」, 『무형문화재조사보고서』 제186호, 1990.

정병호, 『巫舞』(무형문화재조사보고서 8), 문화재관리국 문화재연구소, 1987.

정병호·이보형, 「수원지방 무의식」, 『한국민속종합조사보고서』 제14책 무의식편, 문화재관리국, 1983.

〈논문〉

김창석, 「진쇠춤 장단의 연구 고찰」, 단국대학교 석사학위논문, 2005.

김헌선, 「경기도 도당굿 화랭이 연행자 연구」, 『구비문학연구』 7, 한국구비문학회, 1998.

김형근, 「지두서(指頭書) 유형 무가의 비교 연구」, 『민속학연구』 33, 국립민속박물관, 2013.

변남섭, 「경기도 남부 〈제석굿〉 연구」, 경기대학교 박사학위논문, 2012.

변진섭, 「이용우의 앉은청배 연행 양상」, 『한국무속학』 48, 한국무속학회, 2024.

변진섭, 「동막도당굿의 무용학적 고찰」, 『한국무속학』 28, 한국무속학회, 2014.

변진섭, 「경기도 남부굿 진쇠 연구」, 『민속학연구』 56, 국립민속박물관, 2025.

양한, 「정인삼 진쇠무 연구」, 『한국국악교육연구학』 4(2), 한국국악교육연구학회, 2010.

이사빈, 「진쇠춤의 현대적 전승양상 연구」, 중앙대학교 석사학위논문, 2017.

이소연, 「임준희 작곡 〈독주가야금과 합주가야금, 타악을 위한 혼불 Ⅵ-무(巫)〉 분석 연구」, 한국예술종합학교 예술전문사학위논문, 2019.

이영호, 「대아쟁 독주곡 〈마음〉의 음악연구」, 한국예술종합학교 예술전문사학위논문, 2015.

이혜구, 「무악연구」, 『한국음악연구』, 국민음악연구회, 1957.

임나나, 「공심 무조권(巫祖圈)과 무조신(巫祖神)의 재해석」, 『한국고전연구』 27, 한국고전연구학회, 2013.

임윤희·조남규, 「재인(才人) 이용우의 삶에 내재된 춤의 예술적 가치」, 『한국무용과학회지』 38(4), 한국무용과학회, 2021.

최스칼렛, 「지영희의 『지영희민속음악연구자료집』 중 경기무속 장단 연구」, 한국예술종합학교 예술전문사학위논문, 2009.

한수문, 「김숙자류 경기시나위춤에 관한 고찰」, 『공연문화연구』 21, 한국공연문화학회, 2010.

〈단행본〉

구희서 글·정범태 사진, 『한국의 명무』, 한국일보사출판국, 1985.

김헌선, 『경기도 도당굿 무가의 현지 연구』, 집문당, 1995.

김헌선, 『경기도도당굿』, 국립문화재연구소, 1999.

김헌선, 『사진으로 보는 민속의 어제와 오늘 1(1950~2000년대)』, 국립민속박물관, 2003.

김헌선, 『경기도 산이제 인천 동막도당굿 연구』, 보고사, 2019.

서대석, 『한국무가(韓國巫歌)의 연구(研究)』, 문학사상사, 1980.

임수정, 『한국의 무속장단』, 민속원, 1999.
적송지성·추엽융, 심우성 옮김, 『조선무속의 연구』 상·하권, 동문선, 1991.
지영희 저, 성금련 편, 『지영희민속음악연구자료집』, 민속원, 2000.
황루시, 『한국인의 굿과 무당』, 문음사, 1988.
황루시·이보형·김수남, 『경기도도당굿』, 열화당, 1983.

변진섭

전라남도 보성 출생
국가무형유산 경기도도당굿 전승교육사
국문학 박사
「경기도 남부〈제석굿〉연구」
「이용우의 앉은청배 연행 양상」
『풍어제』(공저) 외 다수

경기도 도당굿 연행의 이론과 실제

2025년 7월 30일 초판 1쇄 펴냄

지은이 변진섭
펴낸이 김흥국
펴낸곳 보고사

책임편집 이찬형
표지디자인 김규범

등록 1990년 12월 13일 제6-0429호
주소 경기도 파주시 회동길 337-15 보고사
전화 031-955-9797
팩스 02-922-6990
메일 bogosabooks@naver.com
http://www.bogosabooks.co.kr

ISBN 979-11-6587-907-5 93380
ⓒ 변진섭, 2025

정가 17,000원
사전 동의 없는 무단 전재 및 복제를 금합니다.
잘못 만들어진 책은 바꾸어 드립니다.